春晓

悦\老\生\活\荐\读

年轮滋味

舌尖上的老味道

丛书主编 丛肖南
本册主编 林冬冬

哈爾濱工程大學出版社
Harbin Engineering University Press

图书在版编目(CIP)数据

年轮滋味：舌尖上的老味道 / 林冬冬主编. — 哈尔滨：哈尔滨工程大学出版社，2024.2
(暮晓：悦老生活荐读)
ISBN 978-7-5661-4315-0

Ⅰ.①年… Ⅱ.①丛… Ⅲ.①饮食-文化-通俗读物
Ⅳ.①TS971.2-49

中国国家版本馆 CIP 数据核字(2024)第 034085 号

年轮滋味：舌尖上的老味道
NIANLUN ZIWEI：SHEJIAN SHANG DE LAO WEIDAO

选题策划 王春晖
责任编辑 张 曦 邹德萍 王丽华
封面设计 李海波

出版发行 哈尔滨工程大学出版社
社　　址 哈尔滨市南岗区南通大街 145 号
邮政编码 150001
发行电话 0451-82519328
传　　真 0451-82519699
经　　销 新华书店
印　　刷 哈尔滨午阳印刷有限公司
开　　本 787 mm×1 092 mm 1/16
印　　张 55.25
字　　数 780 千字
版　　次 2024 年 2 月第 1 版
印　　次 2024 年 2 月第 1 次印刷
书　　号 ISBN 978-7-5661-4315-0
定　　价 298.00 元(全 4 册)

http://www.hrbeupress.com
E-mail:heupress@hrbeu.edu.cn

《暮晓·悦老生活荐读》
丛书编委会

序言

Preface

随着社会的进步和时代的发展，老年人的生活品质和幸福感越来越受到全社会的关注。习近平总书记指出：“一个社会幸福不幸福，很重要的是看老年人幸福不幸福。”党的十八大以来，习近平总书记作出一系列重要指示，规划部署国家老龄事业发展和养老体系建设，要“让所有老年人都能有一个幸福美满的晚年”。老年人的精神状态和生活状态，不仅会影响家庭的和睦，甚至会影响整个社会的安定与和谐。让老年朋友们学到自己感兴趣的知识，保持积极健康、乐观向上的精神面貌，这是老年大学的教学理念与社会使命，更是老年大学存在的价值与意义所在。

哈尔滨老年人大学成立于 1984 年 4 月 1 日，是新中国成立后率先成立的老年大学，也是最早开课的老年大学、国家级“示范老年大学”。近年来，学校认真贯彻习近平总书记关于老年教育工作的重要指示精神，积极响应人口老龄化国家战略，把“积极老龄观、健康老龄化”融入老年教育发展全过程，全力打造“开放包容、幸福快乐、有为进步”的高质量综合性老年大学。随着教育教学改革的不断深入，我们对于老年教育内涵的理解也在不断更新。老年大学从带领老年人享受晚年生活、老有所乐，到指导老年人紧跟时代前进的步伐、老有所学，再到引领老年人继续为社会发挥光和热、老有所为，直至关注老年人身心同健，不断增强老年人的获得感、幸福感和安全感，发挥着重要作用。

基于此，在哈尔滨老年教育事业发展40周年暨哈尔滨老年人大学建校40周年之际，哈尔滨老年人大学和哈尔滨工程大学出版社合力打造了一套旨在丰富老年人的精神世界、为老年人排疑解惑、为老年人提供切实有效帮助的系列丛书。这套课外读物，是我们对老年教育理念的具体实践，它涵盖法律常识、心理健康、养生之道以及故乡老味道等多方面内容，它们各自承载着独特的使命。

情法相依：我们邀请专业律师、检察官、法官为老年朋友详细解读与生活息息相关的法律问题，帮助老年人在享受合法权益的同时，学会用法律武器保护自己。

心灵有约：心理的健康能够提高生命的质量。我们关注老年人的内心世界，从多个角度解读老年人常见的心理问题，帮助老年朋友排解内心的困惑与焦虑，使其保持积极向上的心态、拥抱快乐的老年生活。

年轮滋味：生活不仅要有柴米油盐，还要有诗和远方。旧时光里的美好，令人怀念的故乡味道，字里行间流淌着的情感，与美食相关的温暖故事，让老年朋友发现生活中的新乐趣，使其老年生活充满滋味。

百岁生活：知悉百岁老人的养生之道和长寿秘诀。老年朋友能够从中汲取生活的智慧、养生的经验、生命的真谛，找到适合自己的生活方式，让健康长寿与岁月同行。

这套课外读物不仅内容丰富实用，更是为老年朋友献上的一份饱含尊重与敬意的礼物。我在老年教育领域深耕多年，对老年教育这份事业充满着深沉的热爱。生命的长度有限，但生命的宽度却可以无限。这套“悦老生活荐读”系列丛书名为“暮晓”，是我深思熟虑的沉淀，也是捕捉到的灵光闪现。年虽迟暮，但仍志存高远。暮年与青年，夕阳与拂晓，在老年大学的校园里融为一体。“暮晓”最能表达我们对老年生活的理解与感悟，也寄托了我们对老年人的深切情感。希望这套丛书能成为老年朋友的知音与良伴，使他们能够在书中找到属于自己的活力与力量。同时，也希望这套丛书能够成为老年大学与社会之间的一座桥梁，让更多的人了解老年大学的教育理念和历史使命，唤起全社会对老年人生命质量的关注，努力形成关爱、和谐、尊老、敬老的浓郁社会氛围。

这里是一个新的起点，是老年人的，也是我们的，未来的我们会继续充实丛书的内容，与人民同心、与时代同步，在追寻智慧的道路上让更多的老年人找到属于自己的幸福时光！

哈尔滨老年人大学党组书记：

2024 年 1 月

目录
Contents

第一篇
最是故乡滋味浓

故乡的味道，走遍天涯海角，亦会魂牵梦萦。

像是母亲哼唱的眠歌，丝丝缕缕。

总在有月亮的晚上升起，

总在你我的心头缠绕……

家乡的小鱼粥

这些年，走南闯北，东游西逛，许多名山大川、古城老镇、人文景观，都让我念念不忘。每次想起那些极具地方特色又富有历史文化的“小吃”，总是回味无穷：苏州的小笼包子，小巧玲珑，晶莹剔透，咬一口满嘴流油淌蜜；西安的羊肉泡馍，鲜红的辣子羊汤，半碗下肚便热汗淋漓……而最让我倾心的，还是百吃不厌的家乡的小鱼粥。

故乡老屯东侧有一条南北走向的小河，据老辈人说，这条小河是当年东海的小黑龙与西海的小白龙，为争夺地盘在此打仗，留下了这条沟，后来小黑龙胜了，此沟便叫乌龙沟了。这就是个传说，但小河实实在在地日夜流淌着，且河里野生的小鱼特别“丰盈”。像什么柳根子、麦穗子、船钉子、白漂子，应有尽有，大都半寸到一寸长。那时，这条小河是我和小伙伴们经常光顾的地方，下河捉鱼最开心了。

我刚上初中的那年夏天，放学后我在乌龙沟里摸回了二十几条小鱼。母亲乐坏了，突然来了“灵感”：她把小鱼洗干净，与野菜、玉米麸子掺在一起煮了一锅“野菜糠麸小鱼粥”。没有油，只放点盐，小鱼鲜嫩的香味大大抵消了野菜和糠麸的苦涩味。我狼吞虎咽地吃了好几碗，只觉得这是天下最好的饭食，既解馋又解饿。过后，母亲把用小鱼熬鱼粥的做法告诉了乡亲们，很快，屯里街坊邻里的餐桌上都出现了小鱼粥这道美食。事实上，小鱼粥在那个年代，不但成为当地老百姓的食物，也让我们这些农家孩子学会了担当。

20世纪六七十年代，随着国家经济好转，农村的生活也有了一定的改善。住在乌龙沟两岸的乡亲们，却依然把小鱼粥当成一道不可或缺的美食，只不过不再用糠麸和野菜掺着熬了，而是换成了小米或玉米面了。家中来了客人，用乌龙沟里的小鱼和自产的小米，熬上一锅热乎乎、黏稠稠的小鱼粥，就是最高礼遇了。改革开放以来，在家乡小镇的许多餐馆里，“乌龙沟小鱼粥”竟成了一道极富地域风味且深受当地老百姓欢迎的知名小吃。

几乎吃了一生的小鱼粥，使我受益匪浅。小鱼粥，暖胃、润肠，便于消化，特别适合老年人。据医学专家和美食专家说，文中提到的几种小鱼品类和小米，营养都非常丰富，含有人体需要的多种微量元素，十分有利于身体健康，可见小鱼粥既是美食，又是药膳。

前不久，我与几位老友特意到一家小餐馆去品尝小鱼粥，高兴之余，大家你一句我一句凑出了一首小诗：“小鱼小米熬成粥，乐煞老妪和老叟。美食药膳双兼得，健康长寿人风流”，以表达对小鱼粥的青睐与钟爱。

（李秋晨）

西瓜酱，一家有酱百家香

“开坛十里香”“一家有酱百家香”。在我的印象和记忆里，味道最醇厚、最地道、最持久的要数家乡的西瓜酱了。

西瓜酱，好酱与好瓜，缺一不可。做西瓜酱的黄豆必须是淮北平原上生长出来的小粒品种，俗称“赖八百”。其身白嘴乌，只有绿豆粒般大小，却充分吸收了土地的养分和阳光的精华，个个饱满滚圆，粒粒形态丰腴、韧劲十足。瓜则一定要用家乡的特产“三白”西瓜。所谓“三白”，就是白皮、白子、白瓤。“三白”西瓜皮厚、个大、水多、汁浓，而且有种浓郁的清香，用它做出来的酱也因此而风味别致。

终于到了做西瓜酱的时候了。夏季瓜田里六成的熟西瓜早已连蒂带秧放在深窖中，用湿沙土掩藏好，到了秋天取出来，瓜瓤照样新鲜，汁水依旧丰盈。母亲、婶婶们轻车熟路地将酱豆阴在坛中两三天，将西瓜去皮、抓碎，按比例倒入罐中，再加进西瓜瓤。黄豆和瓜瓤的比例为一比三，西瓜汁漫过豆子一拳头左右，再加入辣椒末、生姜丝、八角瓣、新鲜花椒。用干净筷子搅拌均匀，罐口用保鲜膜封严，之后盖上盖子，再从家乡河塘里取来像糯米一样黏、黄金一般颜色的泥土，严严实实地糊在罐盖上，把罐放在阴凉、通风的地方，就算大功告成了。7~10天后，每粒黄豆都长出了一层土黄色的醭，就像包上了一层黄色的棉袄，胖乎乎的，既神气，又可爱。大人们看到它们，才如释重负地长出一口气道："酱豆霉好了！"讲究、富裕的人家还会再加上炒熟的芝麻、花生、竹笋丁或肉丁。

一个月后，酱香浓郁的西瓜酱在我们的朝思暮想中做成了。颜色红润、酱香纯正、香辣微甜，不要说品尝、咂摸一下，仅是看一眼就觉得生活无比美好。吃上一口，香辣味厚，越嚼越香，且后味弥漫出西瓜淡淡的清甜。红辣椒末也不辣了，生姜丝浸透了豆之香味，更是耐嚼。捧一块薄且脆香的锅贴饼，来一碟色香味美的西瓜酱，直吃得你筷不忍停。酱汤更是绝妙，吃面条时舀上一小勺，香味有了，辣味有了，甜味也有了，更有那西瓜的清爽之味融贯其中。

"慢工出细活"，西瓜酱独特的味道、鲜美的滋味，来自母亲、婶婶们辛勤的汗水与用心、细心、耐心的把关、收藏和酿造。西瓜酱把夏天的味道轻松、惬意地保存到了冬天，用母亲和婶婶们对我们的爱，滋润着我们的舌尖，成为我们身体和灵魂里的"钙质"和无法改变的"密码"。

（周建道）

田野醇香懒豆腐

童年的时候，关于吃的记忆有很多，那个年代，吃对于人们极其重要，所以我的记忆也特别深刻。

我们老家虽然离海只有三四千米，但不是以渔业为主。每一个生产队都有一只渔船，但那只是副业，与我们的生活关系并不大。

在我的记忆里，我们村有大片大片的稻田，那是得益于20世纪50年代引来了洋河水自流灌溉。盐碱滩种水稻，水能够压住盐碱，所以稻子长势非常好。后来我们这里开始种黄豆、粟子、苞米、高粱和其他粮食。秋天分粮食的时候，除了用这些粮食到产白薯的地方去换白薯外，家家户户都会留下一些豆子。记得当时有黄豆、黑豆、红豆、绿豆、磨石豆(褐豆)，豆子可以发豆芽、焖白薯干饭、换水豆腐，还可以做懒豆腐。

有一次包村工作队来我家吃饭。吃啥？母亲就从隔壁借来了小石磨，把黄豆煮熟，放花椒、大料，拉起了懒豆腐。我想，所谓懒豆腐，关键还是一个“懒”字。做干豆腐、水豆腐的工序太复杂，但是懒豆腐就简单多了。豆子是煮熟的，放上作料，支好小石磨，配以适量的水磨成糊状，下锅的时候少放一些青菜，开锅就好了。记得那次主食是白高粱米红豆干饭。

当然，每逢过年过节或来了亲戚，母亲还会时不时地做懒豆腐。那种来自黄豆的香醇气息，一直萦绕在我的脑海里。

我参加工作头几年经常回家，那时生活条件相对好了，吃一次懒豆腐也不是太难，所以我经常让母亲做懒豆腐吃。后来，由于工作、生活的关系，很久吃不到家乡那种纯粹意义上的懒豆腐了。

现在的饭店也有懒豆腐卖，但不知道是豆子的原因，还是做法的缘故，就是吃不出原来那种味道。现在人们更懒了，拉懒豆腐根本就不煮豆子，把豆子用水泡了就磨，吃到嘴里是一股豆腥味儿。还有一种，用花生磨，美其名曰“花生懒豆腐”。既然是花生，怎么还能和豆腐贴上边儿呢？还有一种，大约是在龙家店一带，不吃懒豆腐，吃的是豆腐籽，就是磨好了豆浆，放上作料，上锅大火蒸，变成类似于鸡蛋糕的东西。有的时候豆浆太稀，还真的需要加上一个或两个鸡蛋，上锅炖了，才成了豆腐籽。虽然吃起来不错，但还是缺少了家乡懒豆腐那种田野的醇香。

吃来吃去，还是觉得自己妈做的最好吃，大概吃的就是记忆。

（肖沛昀）

红薯年糖

“小孩小孩你别馋，红薯年糖最解馋”“有钱没钱，吃糖过年”……小时候，家家户户过年时煮红薯、熬糖稀、做年糖的情景，就像放电影一样，总是浮现在我眼前。

我小时候，家乡的家家户户都种红薯，霜降过后，收获的红薯一个个进了地窖。我们经常缠着大人做红薯年糖，而大人们一个个都好脾气，笑眯眯地说：“别急，过年让你们放开肚皮吃个够。”

定好的日子比马快，就在我们掰着手指头数，望眼欲穿的等待里，腊月终于到了。我们盼望已久的做年糖终于拉开了帷幕：第一步自然是熬红薯糖稀。大人们在熬糖之前的半个月，要用瓷盘子生大麦芽。由于冬天天冷，在不做饭的时候，大人们总是会把盛大麦芽的盘子放在锅里加温。等大麦芽长到一寸多高，就可以熬红薯糖稀了。

大人们从红薯窖里把个大、块整、甜的红薯放在竹筐里递出来，让我们在外面接。尽管是寒风呼啸，可是我们一个个像小老虎一样，脸上淌着汗，一点也不觉得累。红薯被一筐筐抬到了家里，妈妈、婶婶们先是一个个地挑选，长斑的、有窟窿眼的红薯被筛除，剩下的红薯清洗完之后便码放在锅里，开始大火煮了。一开始硬邦邦、脆生生的红薯，很快就煮熟了、煮透了。妈妈、婶婶们便开始做红薯糖了。搅拌、切碎、轧汁、熬糖……我们看她们那游刃有余的样子，一点也不比戏曲里叱咤风云的樊梨花、穆桂英逊色。

熬糖的时候要用筷子蘸点糖水看看稀稠，直到糖水粘在筷子上不往下滴了，才算熬制完毕。熬好的糖稀完全凉了以后就变成了糖块。春节前的四五天就要斩(切)糖了，咋个斩法呢？就是用刚焙过的热面粉给糖块加热，让它变软，变软的糖块上撒上芝麻、花生，用擀面杖擀成薄饼，用刀切成条，再拧成麻花样，变凉后就成了香脆可口的红薯糖了。

俗语说得好，“好东西要分享”。妈妈、婶婶们把它们一斤斤用秤称好，包装好，哪几盒给舅舅家的，哪几盒给爷爷、奶奶的，哪几盒给朋友家的，哪几盒是寄给外地工作的伯伯的……看到漂漂亮亮的红薯糖，难怪妈妈、婶婶们那样认真、细致，原来那里面有对亲人的祝福，有对来年五谷丰登、国泰民安的祈盼，有对生活的无限眷恋和美好记忆。红薯糖如同画龙点睛一般，让我的童年充满了温馨和快乐！

红薯糖，像一条无形、绵长的纽带，把亲情拉得长长的；像一杯浓浓的老酒，把年味添得浓浓的；像一首老歌，回响在我的心灵深处，流淌在我的血脉里。

（周建道）

回味无穷麻虾酱

我的家乡是位于江苏中部、黄海之滨的，我国古典文学名著《水浒传》的作者施耐庵的故里白驹镇。

古老的集镇属于水乡。据镇志记载，自明朝中叶始，生活在这里的百姓，几乎家家都能自制出一缸好酱。至清朝咸丰年间，有位夏姓老人，在当年施耐庵撰写《水浒传》的施家垛那儿开了一家小酒馆。施家垛四面环水，芦苇丛生，垛上树木、花丛簇拥着施公之墓和聚义厅，小桥流水，古朴古香，风景十分秀丽，优雅的环境吸引了不少南来北往的游客。老人做生意较为精明，认为要赢得回头客，需具有地方风味、特色的小吃。于是，老人开动了脑筋，他面对波光粼粼的河水，看到渔人打捞的大量麻虾（出生后生长不久的小虾），灵感突发：何不借助传统的大豆酱创新个特色美食！老人做好的酱酱红艳紫，鲜香味浓郁扑鼻，令人垂涎欲滴。再后来，有人利用家乡黄海之滨的渔业资源优势，将打捞上来的新鲜海水麻虾制作成麻虾酱，那美味更是提档升级了。

麻虾酱在我的童年记忆中，却另有一番滋味。那时家里兄弟姐妹多，仅靠父亲一人踏二轮车挣钱养家糊口，经济拮据，日子过得非常紧巴。至于麻虾酱则是要等有贵客来时，我们才能共同享用的。平常吃的只不过是普通的豆瓣酱炖制的酱豆腐、酱茶干什么的。

有一天，我放学回家，见桌上放置着两只酒杯和一盘麻虾酱，我知道今天定是有客人来了。父亲与表叔边喝酒、边品尝着麻虾酱、边聊着家常。我们兄弟姐妹几个，围着那案桌不愿离去。闻到久违了的鲜香味，我们馋得直咽口水。表叔喝了几杯酒后，干脆将盘子推给了我们。我们也顾不得客气，抢着用青菜蘸着麻虾酱津津有味地吃着。由于我在兄弟姐妹中较为调皮，一下子从三哥手中夺过已吃空了的盘子，用舌头舔了起来，结果因为天冷，手一滑，一声脆响，盘子摔碎在地上。父亲生气得用左手揪住我的耳朵，右手顺势就是一个耳光："就数你嘴最馋!"好在表叔解围，我才幸免罚跪。

改革开放后，一些较有市场竞争意识的厂商，进一步改进工艺，再配以其他佐料，将包装"旧貌换新颜"，变为铁盒或玻璃罐装的。这样即使远在异国他乡的"游子"也照样能品尝到家乡新鲜的麻虾酱了。

家乡的麻虾酱，是我儿时的最爱。如今，虽然我离开家乡已经四十余载，但直到现在，我的唇边好似依然留着家乡的麻虾之醇厚、酱之芬芳。每年我都会做麻虾酱，家人夸我做的麻虾酱最好吃。其实，我做麻虾酱是把深深的思乡之情融进了酱里，是将浓浓的乡愁寄于麻虾之身，岂能不让人回味无穷!

（赵乾海）

朴素的煎豆腐

我一直爱吃家乡的煎豆腐，不论是在懵懂的童年，还是在年逾不惑的现在，煎豆腐的美味总萦绕在我脑际，着实让我难以忘却。

童年的时候，物资匮乏，在乡村，煎豆腐是过年过节、红白喜事或者款待远方来客时才有的稀罕之物，是四盘大菜（肉、鱼、豆腐、粉丝）中不可缺少的一盘。在那时看来，煎豆腐确是上乘美味。能十天半个月吃上一顿煎豆腐的人家，就是不简单的富裕农家了。

家乡是一个产黄豆的地方，生产队的黄豆成熟收割回来后，便进了队里的仓库。那时，我们在公有的黄豆入库后，便趁假日到晒场上或山上捡拾遗落的野黄豆，一颗一颗，饱含着童年的辛酸苦乐。

春节来临，各家各户可以从公家的仓库里分得十几二十斤豆子，和捡来的野黄豆掺在一起，也就三十来斤。这时，家家户户忙着扫磨盘、清灶台，将为数不多的豆子细细碾磨，做出一两盒纯正的豆腐，无非是为了能过一个像模像样的春节。那时在乡下，一样豆腐是可以做出许多花样的，有腐乳、香干、豆腐圆子、炸豆腐、煎豆腐、焖豆腐，不一而足。总而言之，现在看来极普通的豆腐，在那时却为并不富足的乡亲们增添了许多欢乐。

虽然一样的豆腐可以做出许多花样，但最让我倾心、回味的还是煎豆腐。成品豆腐放到装有清凉井水的桶里，如一块块细腻莹洁、方方正正的白玉，放上好多天还是新鲜如初。要煎来吃的时候，可以从清水之中取出一两块，然后用菜刀切成厚薄均匀的块儿，一块一块贴在烧热了的匀上了菜油的锅底上，或“滋啦——”一声冒起一团油烟；或是“噗——噗”连声，像是乡村打场上放映电影时没调好的影片发出的声响。其实，凡亲手煎过豆腐的人都知道，这是油少了的缘故。即使如此，豆腐煎好装在盘钵之中端上桌的时候，那冒着热气的诱惑还是那么令人垂涎。

这就是滋养过我童年生活的煎豆腐，一种值得用一生慢慢回味的东西。一晃几十年过去了，生活中的一切都在悄无声息地发生着变化。生活的富足，有形无形之间让人们在吃喝上越发讲究，花在吃“味”上的功夫比花在吃“饱”上的功夫要多得多。但于我来说，对煎豆腐的那份感情却始终如一、难以放下。

每次回家看望古稀之年的双亲，他们总要到隔壁豆腐坊端来几块豆腐。在一桌精心烹制的菜肴中，有一盘就是我特别爱吃的煎豆腐。或许是受了我吃煎豆腐的熏染，妻子对老家的煎豆腐也情有独钟，每次返回小城家中的时候总要带上一些煎豆腐。

城里到处都有细、绵、精、嫩、白的豆腐，可怎么也吃不出家乡煎豆腐那种特别的、余韵悠长的味道来。吃上一顿家乡的煎豆腐，不仅仅是在享受一种美味，更是在享受一份与生俱来的亲情，一种曾经沧海的生活阅历，一种枝叶繁茂的民俗文化。

（程应峰）

香鲜百叶包

百叶包，顾名思义就是用百叶裹住馅儿，包成像春卷一样的3寸左右的圆扁形长条。

我是浙江宁波人，百叶包是浙江人的家常菜。家里的餐桌上经常会有百叶包，尽管大多数时候，裹在里面的不一定是纯肉馅的。那时候由于猪肉是凭票供应的，百叶包大多是菜肉的或是青菜加香干的，记忆中纯肉馅的百叶包大多只在逢年过节时才能尝到。

而母亲总会用各种方法把它烹饪得鲜美无比，成为我们下饭极佳的佐餐。据说这一手绝招，是母亲刚嫁过来时，向一位在酒家做大厨的远房亲戚学的。每到吃饭时，母亲总是笑眯眯地看着我们“狼吞虎咽”的“吃相”，叮嘱我们慢慢吃，小心噎着。有百叶包的日子，母亲常会多烧半罐头米，让我们吃得“痛快”。

做百叶包的百叶，一定要用上好的薄百叶。母亲当时喜欢用南市豆制品厂的薄百叶，说韧性好不易碎，且无豆腥味。里面的馅儿则按各人的口味而定，一般有纯肉的，有菜肉的，还有蔬菜、香菇、豆干加虾仁干拌成的。包裹之前，要先将食材剁碎，再加上盐、味精和料酒。

百叶包的烧法有好几种，一种是放在油锅里略煎，然后放些酱油红烧，也称黄酱的，这种烧法特别下饭；一种是浸在鸡汤里清蒸，上面撒几粒青豆，出锅后清汤上垒着几只象牙色百叶包，叫人垂涎欲滴；还有一种就是把百叶包用白棉纱线捆住，三至五只一组，放在三鲜汤里，还未掀盖，鲜香味就扑鼻而来，让人食欲大增。

临近春节的前几天，母亲会剁很多肉馅，包成好几组百叶包，等节日里待客用。她早早地把百叶包隔水蒸成八九分熟，放在朝北的窗前。那香味，馋得我们口水直流。这时，母亲会叮嘱我们，来客人时，三鲜汤里的百叶包，客人不动筷，我们千万不能动筷，并规定我们每人只能吃一只。

那时春节里来往客人多，这顿吃不完的百叶包，下顿组合后可重新入汤。三鲜汤端上来时，锅周边黄的蛋饺、棕色的熏鱼、淡红的肉片等围着中间白菜、粉丝衬着的，微微隆起的，用白棉纱线扎成一组组的，呈象牙色的百叶包，卖相真是不错。在砂锅盖头掀开的一刹那，在热气缭绕中，我总会看到母亲放着光彩的笑容。

家常的百叶包虽然味美，但它终究是上不了酒水馆“台面”的。我在许多宴席上基本看不到以百叶包为主的菜，偶尔只在海鲜汤里作为配料出现两三只，但里面的肉馅薄薄一层，看上去扁扁的，长度也不超过二寸，放在嘴里软塌塌的，没多少滋味。

春节前，几位老邻居小聚，菜单上有荠菜干贝百叶包煲，点后菜传上来一尝，几位曾吃过母亲烧的百叶包的邻居不约而同地说，这菜与四婶（我母亲在弄堂里的称呼）烧的美味百叶包差远了！

（任炽越）

酸菜小豆汤

一直以来，我都喜欢吃酸菜小豆汤，因为那是家乡的味道。吃惯了的人们，对它总有着一丝丝情人般难舍难分的情结。

酸菜小豆汤是一道川南独有的汤菜，顾名思义是酸菜和小豆的有机结合体，因其酸味的独特、豆汁的爽口，被誉为“黄金汤”，深受家乡人的喜爱。

家乡的酸菜，虽然制作看似简单，却有着很高的技术含量，在制作过程中如果各个环节把握不准，酸味便会不一样，口感也会有所差异。

或许因为那时的生活条件不好，菜品少，酸菜才会成为主菜。奶奶在反反复复的试验下，成为制作酸菜的高手。趁着一个晴天，眼看着青菜上的露水干了，奶奶将青菜一把把抱回来，去除一些发黄的残片后，用开水烫几分钟。然后，奶奶将过水的青菜装入坛内，用小石头压实，在里面浇上半碗清水后将坛口密封起来。两三天后打开坛子，一股刺鼻的酸味便会迎面扑来。奶奶反复用清水洗去酸菜的黏液，然后将其切成小片，放入砂锅里煮。

小豆与酸菜是一组美妙绝伦的搭配。每隔三五天，奶奶都要煮上一小罐小豆，用微火慢慢地煮，直至将小豆熬得“皮开肉绽”。

“为什么一定要煮小豆呢?”那时的我虽然年龄小，然而心里总是有着“十万个为什么”。奶奶笑着说：“加入小豆不仅好吃，而且里面还有大学问。”我后来才知道，小豆被誉为粮食中的“珍珠”，李时珍的《本草纲目》中就有记载，小豆不仅可以通便利尿，而且对心脏和肾脏有一定的保健作用。

每顿饭前，奶奶加上半锅水，舀上几小勺小豆和酸菜一起煮，等酸菜煮沸了，小豆汁便全部渗进了菜叶里，就成了名副其实的酸菜小豆汤。有时，奶奶再搓上几个火上焙烤的辣椒，加点切细的野小蒜头和酱油、盐巴等调料，拌一碗色香味俱全的糊辣椒酱。

夜晚，点着一盏煤油灯，全家每人端着一碗黄黄的苞谷饭，围着一锅热气腾腾的酸菜，一筷一筷地夹着酸菜，蘸着糊辣椒酱，吃得津津有味、汗流浃背。饭毕，一人喝一碗酸菜小豆汤，那种酸中带着豆汁的味道，瞬间让人觉得全身舒畅。

几十年过去了，随着生活条件的不断改善，大鱼大肉上了平常百姓家的餐桌。但唯有家乡那可口的酸菜小豆汤，一直是受人欢迎的一道好菜，深受家乡人的青睐。

如今，生活在城市一角的我，因为工作而背井离乡，只能在梦中回味酸菜小豆汤，它是我最美的记忆，永远留在我的内心深处。

（刘传福）

最爱不过坨子肉

我的老家在川北四房沟，那是一个默默无闻偏居一隅的小地方，属于地图上找不到的小地方，如同散落在川北广袤大地上的一粒小芝麻。现在，我想说说老家四房沟的坨子肉，那是我最爱的美食，不仅小时候垂涎，直到今天还喜欢吃。

说到“坨子肉”，很多人可能一下子搞不明白是什么东西。但只要我说出坨子肉就是酥肉，大家肯定会恍然大悟地“哦”一声，表示明白了。在中国大大小小的餐馆都能吃到酥肉，可以说，它就是一道家常菜。

在我的农村老家，但凡婚丧嫁娶、庆生祝寿，主人家都要大办宴席。我们那里把宴席俗称为“八大碗”，也就是办宴席时至少要搞出八大碗主菜摆到桌上，有“粉蒸肉”“酥肉”“盐菜肉”“滑肉”“炸肉”什么的，当真是大碗装肉，大碗盛酒。在“八大碗”宴席中，酥肉无疑最具特色，在蒸笼里蒸得又香又软，隔着老远就能闻到一股特别的香气，看上去就像一个圆圆的蒙古包，用我们的土话讲就是“一坨”，格外惹人喜欢。每每吃到嘴里，芳香软糯，沁人心脾，味道鲜美，余味无穷，可谓是老少皆爱的佳肴。

小时候去吃宴席，我的第一筷子永远都是伸向酥肉，不管盛酥肉的大碗离自己有多远都绝不放过。事实上，坐在桌上的其他小孩都跟我一个“德行”，总是不懂规矩，上席就吃酥肉，以至于“八大碗”中酥肉眨眼工夫就只剩下一个空碗了。

当然，婚丧嫁娶这样的事不可能天天有。令我感到沮丧的是，就算偶尔有宴席，赴宴的往往也是我的父亲。但在老家有个很不错的习俗：主人家会给每位客人发一张鲜桐树叶或荷叶，让客人包点肉菜回去，让家里的老人和小孩解解馋。于是，每次父亲被邀请去吃宴席，出门前我都会反复对他说：“千万莫忘了给我包点酥肉回来哟！”偶尔父亲喝多了，忘了带酥肉，我甚至会哭出声来。

除了办宴席外，家里过年过节也是要蒸酥肉的。每到过年，我最兴奋的事就是守在灶房，目不转睛地望着母亲做酥肉，待酥肉出笼，便迫不及待地抢着吃上几坨。母亲总是怜爱地对我说：“别猴儿急的，过年会让你把酥肉吃个够的。”

但说实话，过年时我是把酥肉吃够了，但年过后就又馋了。如今，我离开四房沟老家已经很多年了，在外面吃过各种各样的酥肉，却依然忘不了四房沟坨子肉的味道。

用一位前辈的话说：“不管走多远，对老家的饮食仍很怀念。老家的饮食，吃了一辈子也不会够。”于是，每次回老家，我都嚷嚷要吃坨子肉。其实，不用我嚷嚷，老家人便已经把坨子肉摆上了酒桌，为我这个远离故乡的人接风。

（何君林）

鸡西大冷面

我的家乡出煤，更出好面。煤疙瘩在嘴里没什么滋味，但冷面却是一绝，现在鸡西的冷面馆可谓大名鼎鼎，城里乡下，冷面馆遍地开花。年前年后，不少老鸡西人回乡，第一件事便是吃一口冷面。

冷面既指面又指菜，是主副食的统称。传统朝鲜冷面更像牛肉面，而鸡西大冷面则与之不同，带着冰碴儿的清汤口味略咸、略酸，清汤取代了传统的牛肉汤，汤面上飘着一些黄瓜丝、香菜。鸡西大冷面分为白面、荞麦面两种，在加工过程中，必须是现吃现压，保持口感清新、面筋耐嚼、清凉爽口、滑顺润喉，好辣口的人会放点油炸的辣椒，越吃越爱吃，余味绵长。

吃惯了鸡西大冷面，总觉得冷面就该是这个味儿。记得初尝韩式冷面，西红柿和梨汁的搭配实为惊异。冷面居然还有酸甜的，虽然尚算可口，但还是不如老家的冷面够味儿。

东北人好客，冷面经济实惠，用它来待客不仅不寒酸，反而还带来一丝亲切。若宾客初来乍到，且身份讲究，那么主人一般会选择环境考究的冷面馆。四荤四素加上四道凉菜，凑成八盘四碗。酒桌上觥筹交错，好不热闹。

园林路有家几十年的老店，本名朝鲜族大冷面。可能是受鸡西冷面的影响，当地人一般简称为园林路大冷面。每逢家父的老友、战友相聚，都会选择园林路大冷面，只为喝个痛快。“一盆、两碗、三醋、四椒”是这家老店的最好写照。柜台点完菜，每桌会放一个大铁盆。辣菜重辣重油重酸，汇在一起倒也不会串味；碗筷自取，唯独没有小碟。一人双碗，一只用于盛冷面汤，怕辣的人夹一箸菜在汤里涮一下再吃。另一只海碗自然用来喝酒。一盆辣菜半盆油，在阳光下显得深红油亮。这么吃显然是不行的，需加三勺店家自制老醋调和。老醋浇下去，辛辣的燥火便下去许多，吃起来不会坏肚子。每个冷面馆的辣椒油都是不传之秘，添几小勺红辣椒油，确实可以弥补老醋盖住的香味。

大冷面没有旺季淡季之分，冷面馆似乎从不缺人气。离正午还早，几十张桌子便已围满了人。东北人酒桌上特别热情，尤其是辣得满嘴冒火时，更愿意敞开嗓门，看着是那样的惬意！

在外地读书、工作时，每逢同学问我来自何处，对答之后，对方往往会问：鸡西的冷面很好吃吗？近年来，鸡西大冷面名扬东北，在大城市也可见到鸡西冷面的牌子，我算是借了老家的光，解了淡淡乡愁。

（张瀚铎）

毛茸茸的霉豆腐

我的老家在闽西客家一个偏僻的小山村，那里山多田少，资源有限，主要的农作物之一是大豆，人们的生活简单而幸福。乡亲们风里来雨里去地劳动，春天忙于播种，夏天辛勤耕耘，秋天紧张收获，冬天则是品尝劳动果实，而霉豆腐是他们品尝的果实之一。

冬至之后，田塍上的田塍豆、旱地上的大豆、田野里的二季大豆都已经收割完毕了，黄澄澄的大豆，已经颗粒归仓了。家家户户的屋檐下，挂着一串串红彤彤的朝天牛角椒。晒谷坪上，太阳渐渐收起了橙黄色的光线。山脚下的农家村舍的烟囱里，青灰色的炊烟袅袅升了起来。女人们在厨房门口架起脚盆、豆腐格，摊开麻布，把白花花、嫩生生的豆腐脑，一勺一勺地舀入四四方方的豆腐格子里。热腾腾的水蒸气笼罩着整个村庄，空气中氤氲着豆腐的清香味。

等压过水的豆腐坯子托在手里不散不碎，女人们就把它切成火柴盒大小的方块，装进背篓、谷箩或晒篮里，一层干净的稻草，一层豆腐块，然后放到厨房的背旮旯里，盖上旧棉被保暖。

一周后，等用鼻子找到它的时候，揭开一看，毛茸茸的豆腐坯子，有一股特有的芳香扑鼻而来。在瓦钵盂中装入色红味辣的牛角辣椒粉和盐巴，拌匀，用筷子把霉好的豆腐块放在其中翻滚，然后放入透气而不渗漏、久放而不失香的紫砂陶罐子里，然后放入各种自家生产的食材，如小块的萝卜干、姜、蒜头、橘皮、香油和谷烧等作料后，将小罐子密封，月余即可取食。

这样制作的霉豆腐，又红又黄又嫩又细又软，色彩鲜艳，味道鲜美，香辣可口，风味浓郁，有一股淡淡的咸辣香味，用筷子夹一点，用舌头舔舔，好香呀！香得透彻，香得令人食欲大增。

我的童年生活既简单又幸福，主食主要就是稀饭，菜肴主要就是霉豆腐。一小碗霉豆腐是餐桌上的常驻代表，也是客家人的美味佳肴。特别在夏天“双抢”季节，头禾要割，二禾要插，忙里忙外，劳累了一天的大人，来一小碗霉豆腐，浇上清亮的茶油，白色小碗里，红艳艳、香喷喷的霉豆腐令人馋涎欲滴。大人、小孩盛碗白花花、香喷喷、冒着热气的白米饭，就着霉豆腐，风卷残云般几碗饭就下肚了。

现代人，餐餐大鱼大肉，天天美味佳肴，也许也会喜爱这种返璞归真的美食吧。

（李玉林）

一盘江蟹生，万里思乡情

有朋自远方来，不亦乐乎。每次有同窗好友来浙江温州做客，我总喜欢点上几个地道的温州菜，其中就少不了温州最具代表性的美味江蟹生，这能让他们好好体验食在温州的感觉。

说来有趣，一位大学同窗到温州品尝了江蟹生之后，兴致所至，直言："没有瓯菜江蟹生，人生何必住温州。"寥寥数语，道出了温州江蟹生是何等诱人。的确如此，江蟹生那味道，一个字：鲜！只要你尝了这个味道，就会难以忘怀。

"江蟹生"这道菜，是最具温州特色的地方菜，更是温州人的"心头爱"。许多初来乍到的人，听到温州"江蟹生"这一菜名，似乎丈二和尚——摸不着头脑，难以理解。其实，"江蟹生"是温州的本土叫法，就是用生的江蟹凉拌的菜，实际上应称为"醉蟹"。

温州是一个沿海城市，孕育了这里的人们嗜食海鲜，尤其是喜欢生食海鲜。这不，在温州餐馆、酒店的菜谱上不时有生食的菜名映入眼帘，如"生醉海参""生吃龙虾"，等等，但最令人津津乐道的当数"江蟹生"。在民间流传这么一句话：不吃"江蟹生"不是温州人，没吃过"江蟹生"就不算到过温州。

江蟹生，既是温州城乡居民餐桌上的家常美味，也是温州餐馆、酒店的特色佳肴。在温州酒宴上，不论是结婚喜宴，还是新年酒席；不论是孩子生日宴，还是学徒谢师宴；不论是知己相聚，还是自己小酌，江蟹生都成了冷盘中的首选，似乎没有江蟹生便不成席。

江蟹生多盛在白色的盘中，一般分白膏江蟹生、红膏江蟹生，但以红膏江蟹生为佳。端上来的江蟹生，那橙红色的卵块，白璧似的脂膏，软玉盘般的蟹肉，再加以独特的配料，蟹香四溢，色香诱人，让人垂涎欲滴，不禁先尝为快。

在家里，我凭一盘江蟹生，就能吃上两碗白米饭，那种口味、那种感觉，真可谓美到极点了，尤其是当一盘江蟹生吃到最后，仍能从盘中的调料汁里捞上一点剩余的红膏，那可真是成就感十足。当然，只有亲自来品尝，才有这种感觉哟！

江蟹生的制作多选用梭子蟹，其形如梭子，又称“江蟹”。江蟹生讲究的是鲜，因此所选江蟹一定要新鲜。江蟹生的味道如何，关键在于秘制方法，从温州乡村农家乐到市区各大酒店、餐馆，每家都有一套自己的江蟹生秘制方法，谁也不愿将其外传。

任凭岁月流淌，至今谁也列不出标准的江蟹生配料清单。

江蟹生，温州人视之为家乡菜。而走南闯北或旅居海外的温州人更视之为思乡菜，每每回故里探亲访友，总想品尝一下地道的江蟹生，以示对故乡深深的眷恋。有的江蟹生则被空运到异国他乡，好让游子品尝家乡的美味，以解其思乡之愁。真可谓“一盘江蟹生，万里思乡情”。

（缪士毅）

不“正宗”的鸡蛋饼

我在鸡西住了几十年，算是实打实的老煤城人。作为一名食客，走南闯北之余免不了搜寻美味。虽然各地美食口味不同，但无论怎样的珍馐美味，也吃不出来一股家乡味。

日前，友人跟我说在商业街看见了鸡西鸡蛋饼，让我不禁想起了故乡的一些事儿。鸡西的鸡蛋饼并不是用鸡蛋和面，而是煎饼的一种。最早是家常做法，一张薄饼上摊个鸡蛋，油瓶在饼上画几圈，再刷层大酱，撒几粒葱花，待饼烙到金黄色，便可以入口。鸡蛋饼既可以当菜又可以当饭，几分钟就能出锅。在快餐还没有流行的年代，鸡蛋饼就是上班族和学生最好的午饭之一。随着佐料的丰富、人们口味的变化，鸡蛋饼的口味也逐渐变化，直至成为鸡西地区特有的一道风味小吃。

日上竿头，一辆辆煎饼车从角落里鱼贯而出，停在大街小巷的路口，开始点炉子、和面、摆鸡蛋。煎饼车大多由三轮车改造，在后面的车厢上搭个棚子，竖个烟筒。老炉子的造型比较特别，把老式油桶的两头去掉，底下开个通风口，几块蜂窝煤蹲坐在桶里，上面是一个圆形大铁盘，刚好比桶沿大一圈。我从未见过摊主们主动吆喝，买饼的人远远望见烟筒，便过来买了。

在寒冬里吃鸡蛋饼是一件幸福的事儿。早些年普通百姓还是不能顿顿吃大肉的，而煎饼的油重，里面的鸡蛋还富含营养，恰好能满足生理需求。白雪皑皑，长街胡同炊烟袅袅，炉子前排起一溜儿刚放学的学生。不知打何时起，即使寒风刺骨，我只要路过饼摊、闻到炊烟，浑身便像涌过一道暖流，似乎手里就捧着一张鸡蛋饼，满心欢喜地带回家享用。

离家多年，斑驳的记忆不免有些零碎。上高中时，附近有一条鸡蛋饼街。街道建在山坡上，一家家鸡蛋饼摊坐落在道路两旁，鳞次栉比。我对其中一家情有独钟，老板人不错，做的饼也实在。那时候的鸡蛋饼已经成为鸡西特色了，味道也变得五味俱全。烙饼需要巧手，老板倒一勺面浆，手腕轻抖，刮板在铁盘上呈圆周运动，等到蛋液渐渐隆起。饼上不光能放辣子，还要放糖、醋、葱花、香菜、辣条、香肠佐之。到现在我还能回想起鸡蛋饼刚出锅一刻的奇香。

鸡蛋饼本没有什么“正宗”之分，关键在于每一家都有特色。而没有什么特定的标准，才是鸡蛋饼最大的特色。喜辣的人会多放辣子，喜酸的人可能会多加一大勺醋。记得局二中门前有个鸡蛋饼摊火了许多年，他家竟能把辣子鸡丁当作调料。在外人看来，这也许早就脱离了饼的范畴了。

这几年社会上注重环保，很少能在街上看到老炉子了，取而代之的是电饼锅，小三轮车走进了商业门市。味道还是老味道，但总觉得还差点什么，也许是我怀念那炊烟升腾的景象吧。

（张瀚铎）

夏日菱角菜

菱角菜，是夏日里的菜。炎炎夏日，念叨一声菱角菜，味蕾的记忆被唤醒，故乡的影像闪现在脑海中。

菱角菜是水里生水里长的菜，性子清凉。它铺陈在池塘内、小河里，密密匝匝，青色怡人。“风生绿叶聚，波动紫茎开。含花复含实，正待佳人来。”菱角菜四月长叶，叶浮水面，叶片圆小，像小姑娘的脸蛋。菱角菜六月开出细碎小花，点缀菱叶间，像小姑娘裙子上的装饰，秀气淡雅。

菱角菜深藏我记忆中，无限美好。我小的时候，队里的邓二娘家门前有一小塘，塘里放有菱角菜。二娘与我母亲关系很好，每年夏季，二娘心疼我母亲怕热，胃口不好，便拉扯上来一捆菱角菜，让母亲收工后带回家，母亲很是感激。

母亲把水灵灵、脆生生的菱角菜挑回家，父亲一声令下，全家老少齐上阵，摘叶子、掐泡泡，其乐融融。母亲把菱角菜清洗干净，切，剁，揉去水分与涩味，掺进白白的蒜瓣与红红的辣椒片，色彩斑斓。菱角菜被放在小罐子中腌制，母亲抓一把塞进去，压一压，再抓一把塞进去，再压一压，最后上面放上一块光滑的石头，封住罐口，菱角菜的美味就这样慢慢地在小罐子里发酵、释放。

炒菱角菜时，母亲会把锅烧红，舀上一大勺香油，待菱角菜倒入锅里时，“哧”的一声，发出欢叫，低矮的小屋弥漫出淡淡的香辣味道。母亲挥舞锅铲，一会儿工夫，一盘色泽鲜亮、散发出乡野本真味道的菱角菜便端上了桌。

我在水乡工作的时候，近水楼台，买菱角菜很方便。有一个老奶奶腌制的菱角菜特别对我胃口，我专买她的菱角菜，她几乎每天清晨都出现。买的时间长了，熟悉了，我与老人闲聊，说老人家您很精神。老人性格很豪爽，说每年都卖一季菱角菜，老了还能挣钱，当然精神。我反复咀嚼老奶奶的话，感觉菱角菜还真不是简单的菜，它能养育人，提升人的幸福感。

近些年，我搬到市里，离水乡远了，吃菱角菜难了。饭店里，酒足之后，上来一小碟菱角菜，服务生特地提示，这是菱角菜，意思是他的饭店有特色菜。众人稀罕菱角菜野生，纷纷举箸。我斯文，速度慢，等我箸至盘前，菱角菜已光盘。

“水光潋滟晴方好，山色空蒙雨亦奇。欲把西湖比西子，淡妆浓抹总相宜。”西湖美景有苏轼的一半，也有菱角菜的一半。史载，苏轼到杭州任太守时，西湖内杂草丛生，苏轼鼓励百姓种植菱角菜，美化西湖。要种菱角菜，就得先清除掉杂草，于是杂草被消灭，西湖现出“丛丛菱叶随波起，朵朵菱花背目开”的怡人美景。苏轼的功绩被人赞颂，可菱角菜的功勋却被后人遗忘了。

菱角菜，它就是如此素朴的乡村小菜，谦卑、低调，像极了默默无闻的劳动者。一盘淡紫色的菱角菜端上桌，一碗温热的绿豆粥捧在手，乡情脉脉。

（吴春富）

马蹄酥，染在舌尖上的乡愁

北方主产小麦，用面粉做出的小吃数不胜数，然而，家乡陇州的马蹄酥却是我的最爱。

马蹄酥，又名蜜馅儿，因四周厚、中间薄、形似马蹄而得其名。“蜜馅儿”，多好听的名字，不用品尝它的味道，只听这美名就让人垂涎三尺了。马蹄酥大小不一，大的如菜盘子那般大，小的却只有手掌一般大，让人爱不释手。

据民间相传，马蹄酥是唐朝长孙皇后归乡省亲时，传入其家乡陇州的宫廷膳食。乡亲们尝后赞叹不已，经皇后同意，娘家派一名心灵手巧的人，向随行御厨学习制作此佳点的工艺，由此宫廷膳食传入民间。清代诗人曾写过“乍经面起还留迹，不踏花蹄也自香”的佳句来赞美马蹄酥。

好的东西都不容易做。马蹄酥虽然好吃，但是制作起来却比较复杂。在陇州会做马蹄酥的人为数不多，只有几位屈指可数的名厨。做好的马蹄酥层薄如纸，色、香、味、形俱佳，它以配料精良、制作细致、味道香甜、营养丰富，且能存放些时日而著称四方，为陇州的特色美食。

陇州马蹄酥外形美观、质地松软、香甜味厚，是馈赠亲友的佳品。在20世纪八九十年代，逢年过节，走亲访友，如果有人提一份包装精美的马蹄酥，那主人肯定会欢喜不已。有时候，孩子们会趁大人不注意时，悄悄取一块先品尝一番，那种甜甜的、香香的味道弥漫在唇齿间，久久不散。

前几天，邻居家女儿出嫁，送来一盒马蹄酥。我小心翼翼地打开盒子，拿起一块咬了一小口，酥酥的，软软的，不由得想起小时候吃马蹄酥的美好时光。马蹄酥里有家乡的味道，藏着淡淡的乡愁。在我看来，无论走到哪里，马蹄酥都是世界上最好吃的点心。

（文雪梅）

别有风味的萝卜干

尝过诸多美食，可每至春来，舌尖上的味蕾记忆，总会被一种普通得不能再普通的家乡味道唤醒，久久不能消逝，非要用心烹制、大快朵颐一番，方可释怀。这便是，保定阜平，我老家最家常、最地道、最朴素的“萝卜干”。

萝卜，以其温顺百搭的平民特质、堪比人参的医补之效，备受推崇。新出土的萝卜沾着泥巴，清水一洗，滑溜明净，外表水嫩光鲜，内心清纯火辣，格外招人喜欢。如此美味，除了窖藏鲜食外，勤劳智慧的阜平人，还发明了“晒萝卜干”的贮存方法，且衍生出别有风味的家常美食，令萝卜以另一种姿态示人。

天高云淡，秋风劲吹。农人们都趁着如此好天气，坐在地里、撸起袖子，左手摁礤床儿，右手擦萝卜，“嚓嚓嚓嚓”，动作麻利，有着音乐的律动，片刻便将满地萝卜擦成了细条儿。然后他们提着篮，步于野，将萝卜条儿晾晒在田地、石头上，白花花、亮闪闪。之后便交于时间、阳光、秋风，静待收获萝卜干。

晒成的萝卜干，水分蒸干，扭曲萎缩，色泽暗黄，散发着丝丝萝卜清香。扫成一堆，唰啦啦作响；装入口袋，便可贮存一冬，更待开春。

母亲总会将最好的萝卜干精心保存，用开水焯后再晒干，捎给我，补充春季时蔬菜寥寥的餐桌，萝卜干便成了我家的“宠儿”。

萝卜干最经典的黄金搭档，当属春韭。水灵灵、滋味足的春韭，配以亮白水嫩的萝卜干，以及阜平太行深山特制的腌腊肉，统统切剁成碎末，佐以生姜、甜面酱、家做的花椒面等调料，用力搅拌，便制成了香味浓郁的馅料，可以用来蒸包子。

笼屉上蒸二十分钟，远远便可闻到喷鼻的香味：韭菜香、面香、萝卜香、腌肉香，汇成独特的包子香，充满诱惑、不可抵挡。热乎乎捏起，不顾形象便开吃。久违的味道，穿越一年又一年，在当下享受，顿时有种想哭的冲动，却又被狂吃的喜悦冲散，想必这就是时光的味道、乡愁的味道、饕餮盛宴的味道。一口气吃了五个，仍乐不释手。其还可以包饺子，只是馅料需剁得细碎一些。热气腾腾端上桌，蘸上蒜蓉、陈醋，吃得那叫一个爽。

萝卜干的传统吃法还有杂烩。萝卜干、腌腊肉，配以海带、豆腐、粉条，在架起劈柴的铁锅上慢火烩炖；傍熟之际，放入切碎的春生菠菜，片刻出锅。色香味俱全的萝卜干烩菜，是米饭、馒头最好的下饭菜。萝卜干还可以凉拌，春韭切碎、菠菜焯水，配足调料，炸个花椒或辣椒油，拌醋即食，简单而有滋味。

某日，入餐馆，服务生报出“韭菜萝卜干包子”时，味蕾密码瞬间解码，一时乡愁泛滥，无法自已……

（张金刚）

长鱼面的安慰

友以群分。我这辈子大概是不会和一个对吃清心寡欲的人成为好友的。我对吃有要求：不求奢，但求合。这个合就是适合，合胃口，合脾性，甚至合那一刻的心境。长鱼面此刻最合我。

长鱼面我打小就熟悉。老家人将黄鳝叫作长鱼，除周边地区，估计外人很难听懂，自然也没这个叫法。儿时的故乡，水质好，长鱼寻常，长鱼下面几乎是每个家庭主妇招待来客的快手菜。

远客上门，水桶里捞两条长鱼，将鱼骨和鱼肉分离，洗去血水，骨头炖汤，鱼肉留用。

如果客人要白汤面，鱼肉就汆在汤里；客人要红汤面，鱼肉就要浓油赤酱爆炒，做干拌面浇头。不论白汤还是红汤，都有一碗浓浓的乳白的长鱼骨炖的汤，必不可少的还有宽叶韭菜、胡椒面，这些才是标配。白汤红汤的长鱼都不是丝状，皆是片状，刀法粗犷，鱼片与鱼身等宽，两三寸长，与韭菜段匹配，不细巧，但吃得过瘾，吃法颇具古风，常被外人笑称“侉相”。

化纤医院东巷子里的那家志成面馆，三合一面一度得我宠爱，常常散步晃去吃一碗三合一面，一来一回有一万步。这三合一面有肥肠、猪肝、肉丝，还有雪菜，功夫主要在肥肠上。老板在外面大饭店做了多年白案，他的师傅要求严苛，带出来的他做事仔细，不急，求好。他家面馆旁边就是菜市场，肥肠自己洗，自己烧，油扯得干净，火候把握到位，味道就像小时候家里的红烧大肠，香喷喷的。我个把礼拜就要去吃一次，过过嘴瘾。

老父亲来我这里，每次都着急忙慌的，头天来，第二天就要走。有次晚上到了，我特意带他去吃三合一面，我知道他的口味与我并无二致，果然吃得痛快淋漓，连汤都喝光了。

后来寻到老乡在这里开的长鱼面馆，本地人没有把黄鳝叫长鱼的，许多人不知道长鱼面是个啥面，有人都不敢进这个馆子。

可我知道呀，他乡遇故交。各种面的价格，墙上挂着：长鱼汤面 8 元，白汤长鱼面 15 元，红汤长鱼盖浇面 30 元(加量 45 元)……好嘛，从 8 元到 45 元，我挨样尝，每次来我都要关照下面的老板娘多放些韭菜叶，每回我都把那碗汤喝得底朝天。

常常我专心致志吃面，听老板夫妻俩偶尔低语两句，话很少，这是一对默契得几乎不需要语言的中年夫妇，就像我记忆里父母的样子，也像我与先生此时的样子。我不吱声，听听就很满足。

我在朋友圈第一次发长鱼面图片时，好多人不认识，留言询问。第二次再发，有人好奇地私信我：“你好像很喜欢吃这个面，真的好吃？跃跃欲试。”也有人识得，说是正宗长鱼面，原来她大学时的闺密正是我的家乡人。

一碗可口的面，软硬适中，汤汁鲜美，安慰的是肠胃。如果再附着别样的情愫，那安慰的就是灵魂了。

（王　晓）

小小灯盏糕

灯盏糕，因外形酷似古代扁圆形的菜油灯盏，故而得名。它的历史比较悠久，相传清代光绪末年，温州人陈大姆、陈碎姆两兄弟在市区陡门头设摊炸灯盏糕，内馅是猪腿肉和萝卜丝，外皮用新黄豆粉和米粉浆拌和，采用鲜猪油炸制。由于陈氏两兄弟炸制的灯盏糕外皮松脆，圆边酥软，内馅爽口，独具风味，深得市民喜爱。于是，百姓纷纷效之，久而久之，灯盏糕便风靡温州城乡了。任凭岁月流逝，灯盏糕至今依然深受食客喜爱。

说起灯盏糕，勾起了我孩提时的不少回忆。那是20世纪六七十年代，当时我家居温州农村，要吃上灯盏糕，对农村小孩来说并非易事。小孩想吃灯盏糕，一般是赶在村里晚上放露天电影之时。随着夜幕降临，贩卖灯盏糕的摊贩早早从四面八方挑着担子，纷纷赶往当晚放露天电影的那个村子，在放露天电影的地点——农村晒谷场上摆开摊子，各自拿出最好厨艺，那炸制成熟的灯盏糕飘香四溢，引人馋涎。小孩禁不住诱惑，便纠缠着父母来摊前买个灯盏糕以解馋。当吃着香喷喷的灯盏糕时，那种心满意足，让我至今难忘。

如今，人们的生活水平提高了，可温州人对传统的特色小吃灯盏糕依然情有独钟、念念不忘。每当农村有剧团来演戏，或城镇举办传统会市，戏台前、集市上总会看到制作灯盏糕的摊贩在那里设摊摆点，那刚刚制作的香喷喷、热乎乎的灯盏糕，无不勾起看戏的、赶集的、逛街的人们的食欲。于是大家收住脚步，买上几个可口的灯盏糕一饱口福。

在温州市区吃灯盏糕，可到天一角“美食街”，那里汇聚了温州各种名小吃，其中就有地道的灯盏糕。善于经商的温州人还使民间小吃灯盏糕登上大雅之堂，作为宴席上的特色点心，让宾客尝个够。而旅居海外的温州人回乡探亲访友时，也总想尝尝灯盏糕，以表达对故乡的情结。真是小小灯盏糕，深深游子情。

（缪士毅）

嘬螺螺

食螺的好时节，一是清明前后，二是中秋左右。这会儿的螺螺最肥美、最干净，营养也特别丰富。每逢这时节，我常常在中午以及晚上，让老伴儿烧上一碗螺螺，边等放工的孩子，边独自嘬螺螺，伴以小酒两盅，真是优哉乐哉！

小时候，我们家很穷。吃饭时常常咸菜一抓，瓜乳儿蘸得起泡花，好在家居湖荡水乡，螺螺成了取之即来的美味佳肴。到我成家之后，虽然饭桌上菜肴大有改善，但我还是时不时地将螺螺请上桌。这不仅因为螺螺确实味道好极了，而且能自取，既不花钱，又好玩添乐。

我们苏北里下河一带，螺螺大抵分田螺、河螺两种，田螺较大，但很少，正常食用的大都是河螺。我和我的小孩都有取螺的经历和本领。原先我们那里农田最主要的肥料是河泥，农民伯伯罱泥时一并将螺螺、小鱼等掮上了泥塘。莫看螺螺像颗坚硬的石子，其生命力强着哩！头天晚上“埋”下塘，第二天一早就都蠕钻到了泥面上，有些还顶开帽子一伸一缩地呼吸。这时，我们就可“三个指头捏螺螺”——十拿九稳地拾满一篮了。尽管大家身上常常弄得像泥牛，可仍很高兴。取螺的方法还有很多，可以用兜网，沿着河岸推；将系有绳子的铅丝篮子甩入河底向上拉，用根草绳系块砖头，丢进肥沃的河沟，一夜后取出，绳、砖上往往也能有一层的螺螺，有趣极了。据说，时下有些取螺专业户用竹罾或拉网，一天能取上千斤。

螺螺含有丰富的蛋白质、脂肪、碳水化合物、维生素，以及钙、磷、铁等营养成分，并具有一定的药用与食疗价值。

要想吃到螺螺壳里的鲜肉，还得有些技巧。如果久吮不出螺肉，会把人家逗笑的。以绣花针拨开螺螺的薄盖挑出里面的肉——有点像掀开坦克的铁盖抓俘虏，采用这种吃法的人只能称得上新手。高手吃螺螺，往往都是将肉从壳里直接用嘴嘬出来，伴着节奏分明的吮吸声，让鲜美的汤汁和螺螺肉一块儿入肚，境界之高是只可意会而不可言传的。

小小的螺螺，可以做很多菜式花样，配上豆腐是“金螺白肉羹”，配上韭菜叫“螺肉炒韭菜”，什么也不加的有清炒螺螺、酱爆螺螺、香辣螺螺等。这些昔日只是街边小食的螺螺菜肴，如今却进入了酒楼、餐馆。

我们这里有些人家还学会了一个新吃法：在螺螺壳里塞一些肉馅，烧起来其味更独绝。一次我们去一家做客，桌上鸡鱼肉蛋碗碗剩，唯有这碗菜“全军覆没”，一老兄边吃边赞：“打我嘴巴子也不丢。”然而，这些吃法似乎都没有“嘬”的有味有趣。有人总结嘬螺螺的好处，除了解馋，还能磨炼耐性、活泛脸面、增加肺活量！

转眼清明，又到食螺好时节。

（王洪武）

第二篇
香如初时人如故

父母师长，发小亲眷，

同窗好友，邻里乡亲。

温暖、快乐，至真至纯的爱，

彼此相连的心弦，是人生路上最美丽的风景。

愿时光温柔以待，这纯真而又浓浓的人情味儿。

麻辣豆腐的一世情缘

每逢与老朋友、老同学、老乡亲聚会的时候，东道主都会让每人点一个自己爱吃的菜。轮到我时，既不点山珍，也不点海味，总是点一个民间普通平常的家常菜——麻辣豆腐。对此，常在一起的几位老哥兄弟、老姐妹们说我对这道菜是“百点不厌”“百吃不厌”，也有的调侃我是“土老帽儿”，没见过中国美食大世面的“乡巴佬儿”。无论大家说什么，下次聚会，我依然点麻辣豆腐。

说起来，我与这道菜是有着割舍不断的情缘的。这个缘，就在于我的姑妈。我第一次吃到的麻辣豆腐是姑妈为我做的。这也是我终生难忘的。当时我就认为这可能是天底下最好吃的一道菜了。

我读初中时，我家离学校较远，有七八里(1 里 = 500 米)地，而姑妈家离学校才一里多地。为了中午能吃上一顿热乎饭，我隔三岔五就跑去姑妈家“蹭饭”。姑妈家还有位小表哥，大我一岁。

读初二那年的腊月初八上午，正值寒假期间，我拉着爬犁，从乌龙沟子柳条通往回走。快到家时，小表哥突然从后面喊住我，他连跑带颠地喘着粗气说：“我妈让我找你去我家喝腊八粥。”于是，小表哥帮我把枯枝朽木送到家里，然后，我们便连跳带跑地去了姑妈家。吃晚饭的时候，姑妈熬了满满一盆腊八粥，里面还放了我爱吃的红白相间的大芸豆，看了就让人垂涎欲滴。我与小表哥刚要大快朵颐，姑妈从外屋进来说，别着急，还有菜呢。说着就把一盘热气腾腾的炒水豆腐放到了炕桌上。

颤颤巍巍、切成色子块般大小的豆腐白里透亮，里面掺杂着星星点点鲜红的干辣椒末，上面还撒了一层绿莹莹、白生生的葱花，十分诱人，看着都感觉嗓子眼里的馋虫要爬出来了似的，我和小表哥已急不可耐了。

这时候，姑妈突然问我："晨儿，你知道今天是什么日子吗？"我说："是腊八呀。"姑妈又问："就只是腊八吗？"我一怔，还是什么？姑妈把我揽到怀里说："傻孩子，连自己的生日都不记得了，今天也是你的生日呀！"我这才恍然大悟，要不小表哥怎么如此着急地去找我呢。姑妈看着我说："别发呆了，这回开吃吧，你小哥都猴儿急了。咱小户人家，没什么好吃的，只能给你做个材料不全的麻辣豆腐了。给你过生日，你小哥也跟着借光了。等以后日子好过了，姑妈一定给你做一次各种作料都不缺的麻辣豆腐！"

也就是从那盘麻辣豆腐起，我才知道什么是亲情与爱了。

姑妈过世多年了，但姑妈端着她亲手制作的那盘饱含着浓浓暖暖血脉亲情、充盈着氤氲香气的麻辣豆腐的形象，却永远定格在我的心里。姑妈，我多想再吃一次您做的麻辣豆腐啊！

（李秋晨）

鲇鱼炖茄子，乐坏老爷子

我第一次吃鲇鱼炖茄子，距现在已经近五十年了。每每想起那鲜美的味道，似乎仍在齿颊间留香。

鲇鱼炖茄子只是一道普通平常的农家菜，既不需要名厨高手主灶，也不是什么驰名大酒店里的金牌、特色精馔。然而，在我的心中，它却是天下最佳的美食了。

那是 1975 年初秋，正是乡村最美好的季节。我当时是一名公社干部，在一个叫夏家围子的生产大队蹲点。一天中午，由于连续走了几个生产队检查麦收情况，已过了中午饭时，当我路过第五生产队在海伦河南岸的瓜地时，看瓜老头儿五爷看见我说："这都正晌午时了，咋还忙呢，还没吃饭吧？小李子，如不嫌弃，在我这儿凑合一顿吧！刚好，我在河里逮了几条鲇鱼，赶上了，算你小子有口福，我给你做个鲇鱼炖茄子。咱爷俩儿喝两盅，我还有半斤小烧呢。"

这时肚子早已叽里咕噜地叫起来，我正巴不得呢，我说："五爷，那就给您老人家添麻烦了。"

说来也很简单。五爷从瓦盆里捞出四五条半尺左右长的鲇鱼，剖腹破肚、洗净泥垢和内脏，再把洗净的茄子去掉蒂把，稍大一点的顺着撕成两三条状，小一点的撕两半即可。这时，我已把锅烧热，五爷从小酱缸里舀出一勺大酱，连同葱段、蒜瓣放到锅里爆锅，然后把鱼和茄子放到锅里翻炒几下，随即便把从海伦河里打上来的清水适量加入，盖上锅盖炖了起来。

大约过了二十分钟，鱼香和茄子香便满窝棚四溢了，那袅袅的氤氲已勾起了我的馋虫。五爷已看出我有些等不及了，对我说："好饭不怕晚，再等会儿，鱼越炖越有滋味，千滚豆腐万滚鱼嘛。"

又过了十几分钟，五爷揭开锅说："行了，吃吧！怕你饿，要不再炖一会儿就更好了。"这时的鲇鱼和茄子已经紧紧地交织在一起，茄子缠着鱼，鱼依偎着茄子，而白的蒜瓣、绿的葱段点缀其间，格外精致。鱼香和着茄子香、葱香伴着蒜香，混合成一种让你说不出的特有之香，这是当时二十几岁的我有生以来享受到的最美的香味啊，怎能不让人垂涎欲滴？

五爷还从窝棚的一个角落掏出一个玻璃瓶子，把他不知存放了多长时间的白干烧小心翼翼地倒在一个粗瓷兰花碗里。我们就着鲇鱼炖茄子，你一口、我一口地喝了起来。一会儿工夫，周身通泰，大汗淋漓。五爷一高兴，还唱起了东北二人转，真可谓"鲇鱼炖茄子，乐坏老爷子"呀！

也就是从那时起，我似乎懂得了鲇鱼和茄子与酒组合的深刻内涵，也知道了真正的美食在民间。

现在，我已年逾七旬，每年的秋收季节，我都要与老妻相携到乡下的老家去，用故园小河里的新鲜鲇鱼、乡邻小园中的新鲜茄子，在亲属家亲手做一顿当年五爷那种做法的鲇鱼炖茄子。

这是为一饱口福，亦是一种怀念。

（李秋晨）

奶奶的粉蒸肉

时光荏苒，我的思绪常常会无缘由地游走故园。这不，刚刚捧书读到《晋书·张翰传》，就被里面的句子吸引了。

“翰因见秋风起，乃思吴中菰菜、莼羹、鲈鱼脍，曰：‘人生贵得适志，何能羁宦数千里以要名爵乎？’遂命驾而归。”

张翰因思念家乡的鲈鱼、莼菜而弃官返乡，他的这种魄力让像我这样在他乡的游子着实羡慕。我也因此想起了家乡的一道美食——粉蒸肉。

家乡的粉蒸肉是豫西地区的一道传统名吃，由来已久。记得小时候，有一年过年我家没钱割肉，到了大年三十晚上，别人家都肉香袅袅的，而我家的餐桌上只有几碗清水煮白菜……爸爸和妈妈都催着我们兄妹几个吃饭，可是我们谁都不听话了。奶奶见此情景，就哄我们说：“娃儿们平时不是都很听话嘛，今儿个咋啦？”可奶奶的话也不顶用了。就在爷爷要发脾气的时候，小妹妹“哇”的一声哭了，喊着：“我要吃肉，我要吃肉……”

就这样，一家人在饭桌前尴尬一分钟后，奶奶突然就起身出门了。大约一个小时后，奶奶给我们提回来一块猪肉，一进门她就喊妈妈去帮忙，说：“大家等着，咱家咋了，咱家一定要让娃儿们吃上粉蒸肉！”奶奶说完就进了厨房。奶奶扭头的一瞬间，我看到了她眼里的泪水。

终于，我们吃上了这辈子最香的一顿粉蒸肉。后来才知道，奶奶为了让我们能吃上这顿肉，竟然把自己陪嫁的玉镯给当了。

打那个年后，我们兄妹几个一过年，就会想起那顿粉蒸肉。后来日子好了，我们一家人几乎三天两头就能吃上粉蒸肉，可是一直怀念那顿粉蒸肉的味道。再后来，奶奶去世了，我们也都远离了生养我们的家乡。尽管在外面山珍海味常在嘴边，然而每每节庆和想家的时候，就要吃顿粉蒸肉。粉蒸肉对于我这个游子来说，已不仅仅是忆及奶奶和亲人们的因由，而是日念夜梦的一抹乡愁。

我记得奶奶那次做粉蒸肉的时候，家里的玉米面没有了，也没白面，没法擀垫篦子的饼，她就急中生智，用家中的荞麦面和高粱面混合做成一张饼铺在蒸肉下边，出锅后，就有一股格外独特的迷人香味。后来，我们即使照着奶奶的方法去做，可再做不出当年的味道了。

有一次，我坐着睡着了，头朝着家乡的方向，梦中问奶奶，奶奶说："富了的时候，没忘记苦日子，奶奶的粉蒸肉就是那个味道……"起初我弄不明白梦里奶奶话的意思。可是突然有一天，小孙子端着一小碗老婆蒸的粉蒸肉往我嘴里送，还一脸稚气地说："爷爷快吃粉蒸肉，奶奶说，吃完粉蒸肉爷爷就回老家了，就高兴了……"

"乖乖，粉蒸肉好吃吗？"

"好吃，奶奶的味道……"

我豁然开朗。

张翰因想吃一口家乡菜而弃官的胆量，现在人不一定要有。而无论人走再远，事业搞得再大，终不能丢下那口深入我们骨髓的乡愁"肉"。

（宋殿儒）

槐花饼——时光的美味

春一点头，天就暖了。熙和的春阳里，香椿、荠菜和春韭，这些鲜嫩嫩的时令野菜和春菜，被做成可口的美食摆上了各家各户的餐桌。到了四五月份，槐花、榆钱也挂满枝头，白白的一树树槐花真是喜人。每当此时，我都会想起母亲做的香喷喷的槐花饼。

我的家乡在农村，村旁有一处水湾，祖祖辈辈就在这里生活。那时我家院子里种了两棵刺槐树，院外有三棵，屋后还长着一排。每年一开春，年幼的我就天天盼着槐花开。因为当时家里穷，没什么好吃食，季节赐予的美味就在我心里扎了根。

槐树开花是春分过后的事，别的园子里都已繁花落尽，河边弯柳也褪去风骚，默默的槐树才赶在春天转身离开之前开出花朵来。这一开，村里就像下了一场雪，院子里也便有了月光落地的声音。槐树终于开花啦，一树树小白花朵都串成了串，三五串扎成一捆，拥拥挤挤地挂在枝条上，像悬挂了无数的小灯盏。

收获槐花的时候，全家老少齐上阵，我家采摘槐花的场面特别热闹。母亲拿了梯子往树下一放，父亲脚一蹬就爬上去了，举着绑在长杆上的镰刀，一大朵一大朵的槐花应声落下来，一会儿工夫就白了一地。我和弟弟赶忙拾进筐里，奶奶也过来帮忙，还不停地说：“今天就给你们做槐花饼吃！”

我和弟弟早就盼着吃槐花饼了，一听到这儿，就更来劲儿啦，捡拾槐花的快乐真是妙不可言。树梢上的槐花最难采摘，父亲爬树像个猴子，一眨眼就蹿到树顶。他除了干好手里的事，还指挥我们做这做那，像是在做一件了不起的大事情。每采摘下来一大朵槐花，父亲都会呵呵地笑个不停，还不住地说：“看，能做一盘菜呢！”这是个收获喜悦的季节，我们家会很开心地忙上一阵子。

当母亲动手做槐花饼的时候，我和弟弟便会钻进厨房，充满期待地紧盯着母亲的一举一动。

捋槐花、清洗、入锅焯水、挤干水分、放进面盆、加入面粉与调料……利落的母亲不停忙碌着。等锅里的油烧至八成热时，母亲便把饼放进去，扑鼻的香味一下子就冒了出来，当煎至两面金黄，一个个槐花饼就可以出锅了。槐花饼香喷喷的，又酥又软，真是解馋，年幼的我一个接一个拿着吃，直吃得小肚子圆鼓鼓的。当年村子里家家都做槐花饼，我的小伙伴和我一样，每人手里都会拿着一个，一口口吃得真香。槐花的吃法很多，如蒸槐花、凉拌槐花、槐花饺子、槐花丸子、槐花汤……这些吃法和槐花饼一样，做起来也不复杂。

那时生活虽然艰苦，但每到槐花盛开时，我天天都能吃到母亲做的香喷喷的槐花饼，童年的春天真是充满了无限的快乐和向往。

（董国宾）

母爱·豆酱香

一个人长大后，总有些滋味只能停留在回忆里，那是记忆的味道。无论我去过多少地方，吃过多少珍馐佳肴，最怀念的，还是母亲做的大豆酱。因为，那是时光烙在了味蕾上的母亲的味道。

大酱是农村人不可缺少的美食，承载了一代人成长的记忆。从我记事起，家里的场院里或屋檐下总是有一个春夏秋都蒙着白色网布、冬天蒙着塑料布的大酱缸。

乡下人有句俗语："大葱蘸大酱，越吃越没够。"农村人喜欢吃大酱，干白菜、萝卜、土豆蘸酱都是冬天下饭的好菜。在农村，几乎每家都会有一缸酱，各家的酱，各有风味，村里百十缸酱的味道都是不一样的，人人都习惯了自家的味道。在我心目中，母亲做的酱是最纯正的、最好吃的。

记得每年一到腊月里，母亲就开始下酱了。进入夏季，酱缸通常不能"捂着"，平时就用透气好不透灰的"酱蒙子"苫着，盛夏时节，刚刚还是晴空万里，不一会儿，就会电闪雷鸣。听到打雷声，你就看吧，满村大人小孩都往家里跑，呼哧带喘跑回家，就为了盖酱缸。因为不能让酱缸流进雨水。

记得我参军前的一天晚上，母亲帮我收拾个人物品时还不忘装上一瓶大豆酱。母亲说："带着吧，第一次出远门，吃惯了家里的菜，冷不丁换个新环境，兴许能用上。"拗不过母亲，我极不情愿地把这瓶大豆酱带到了部队。每天高强度的军事训练，紧张的一日生活制度，不到一周就让我有点招架不住了。我睡不好、吃不香，每天开饭时面对食堂的鸡鸭鱼肉我就是"不感冒"，很快我这个不正常的现象就被班长发现了。

班长找我谈心，问我是不是炊事班的饭菜不可口，还是有其他什么原因。我说："炊事班的饭菜非常好，我在家每顿就吃一个菜，而且不是天天有肉，咱们这儿顿顿都有四个菜，而且天天有肉吃。可我就是没有胃口，吃不下。班长，我可以吃大酱吗？"班长被我问得有点儿懵。"啥？大酱？可以啊！"班长同意了我的请求。

当就着母亲的大酱开始吃饭时，我鼻子一酸，再也抑制不住，眼泪止不住地流了下来。我想家了，想我妈了。那顿饭我就着大酱吃了四个馒头，也是我来到部队吃得最香的一顿饭。

多少年后，无论是探亲休假，还是放假回家，餐桌上都少不了我爱吃的大豆酱。如今母亲进城了，七十多岁的她已经有几年不下酱了，有时我和母亲商量能不能再下点酱，母亲坚决不同意，她说城里下酱不方便，会打扰到街坊邻居。

大酱缸伴随我们长大，是我生活中重要的一部分。几十年了，家里房子从"泥草房"到"砖挂面"再到"平台全砖房"，唯一不变的就是那口大酱缸，养活了我们一家人，陪我度过了快乐的童年。

（康德华）

灰菜映象

小时候，我并不知道有种野菜叫灰菜，而且吃起来味道还那么鲜美。直到有一天傍晚，夕阳把大地染成一片绚丽的金黄。我的班主任刘文平老师把我带回她的家，拿出两个小马扎，一个给我，一个给她自己，然后又从屋里掐出一捆野菜。

野菜的叶子正面翠绿欲滴，而背面却蒙着一层淡淡的灰色。刘老师告诉我这种野菜叫灰菜，要我跟她一起把它们老一点的叶子摘掉，根也揪掉。我们师生二人说说笑笑，一会儿就把这捆灰菜摘好了。刘老师笑着问我，有没有吃过这种野菜。我说没有。她说那好，等会儿她将其烫熟后用花椒油拌好了让我尝尝。

心灵手巧的刘老师把摘好的灰菜冲洗干净，放进开水里烫熟，再沥干水分，又炸些花椒油倒进去，再放些蒜蓉进去，然后是酱油和醋，好像还加了少许的白糖，用筷子搅拌均匀后就盛了一小盘出来，连同一双筷子放在方桌上，还把一个薄薄脆脆的棒子面饼递给我，笑着让我吃。刘老师的眼神里盈满浓浓的爱，就像母亲柔软的目光。

我掰下一块棒子面饼，夹了一些灰菜放在上面，开始品尝。那是我平生第一次吃灰菜，灰菜特有的鲜香、棒子面饼的脆香，蒜蓉和花椒油别样的香，再加上糖的甜、醋的酸、盐的咸，混在一起，那味道真是鲜美无比。不一会儿，那块棒子面饼就被我吃完了。在那个缺吃少穿的年月里，能吃到棒子面饼已经很不容易了。因此在刘老师家吃的那块棒子面饼和那些鲜香的凉拌灰菜，在那样的岁月里成了无上的美味。

后来，刘老师被调走了。之后的每一个春天，我一看到路边那蓬勃的灰菜，就会想起她那慈祥可亲的面庞……

随着灭草剂的使用，田边的灰菜还没来得及长大，就会枯死。因此好多年都没能吃到灰菜。

忽然有一天，大姐给我打电话，说自己在一片白地里发现了很多灰菜，而且是那种叶子细细长长的灰菜。我一听，“腾”地站起来，仿佛椅子上安装了弹簧。竟有这等美事，真是“踏破铁鞋无觅处，得来全不费工夫”！我赶紧一边答应着，一边叮嘱大姐有空时再去摘一些回来。

长姐如母，真是一点不假，大姐无论有什么好吃的，都会想到我。她知道我一直心心念念地想吃灰菜，就把这当成一件重要的事情装在心里。这不，发现灰菜的第一时间就告诉了我，有个大姐真幸福！

如今，又是一年一度春风劲，白地里又长满了青翠欲滴的灰菜，它们迎着春风翩翩起舞，给我带来蓬勃的惊喜，让我想起不知调往何处的班主任刘老师，想起她那亲切慈爱的笑容；也让我想起勤劳善良的大姐，想起她那颗总是为我着想的热忱的心。

这些摇曳在路旁的嫩绿的灰菜，已不仅仅是一道美味的野菜，它还承载着我心灵深处更多对于爱的回忆……

（张冬娈）

“熬”的味道

熬的方法在饭店里很少应用到，就是在农村，也不受青睐，大有被熘、炒、烹、炸、煎等方法遮盖的趋势。

我从小生长在农村，母亲去世得早，我从懂事起就吃父亲熬的菜，算是吃熬菜长大的。

想起家乡的熬菜，那情景、那味道便自然浮现在眼前。每天中午的时候，父亲从生产队下班回来，匆匆地洗两把手，便扎上围裙烧火做饭了。我也会帮他往灶膛里加些柴火，总是问他今天吃什么菜。

在我的记忆里，父亲除了做鸡蛋叫煎鸡蛋外，做什么菜都叫熬菜，主料是啥，就在后面加上啥，做豆角，就叫熬豆角；做大瓜，就叫熬大瓜；做鱼，就叫熬鱼；做肉，就叫熬肉；做虾酱，就叫熬虾酱；做白菜，就叫熬白菜……而且，父亲把“熬”字念“náo”。许是听惯了父亲的发音，以至于上学后，我学到“熬”字时，老师发的音总让我感觉别扭。

我家自留地种了豆角、黄瓜、茄子等好多样菜，做饭前，父亲总是叫我挎着他用柳条编的猪腰子筐篮，到地里去摘当日所吃的菜，摘回来洗洗就下锅熬了。

我最喜欢吃父亲熬的豆角。父亲将从地里摘来的豆角掐去筋，从水缸里舀出几瓢水，把豆角洗干净，把柴火放进灶坑里点着，从锅台后的油坛子里舀出一小勺苦油，放在锅里烧热，用葱花、花椒面炝一下锅，把豆角从盆里捞出来，一边洗一边往锅里放，放完后，用铲子在锅里翻炒几下，就添上清水，撒上大盐粒子，然后在锅的周边贴上玉米面饼子，饭和菜就一锅出来了。

我总是挑鼓肚的豆角吃，这样的豆角又香又面，有时我还慢慢数着豆角的豆粒。这样熬的豆角，一根是一根，绿生生、油汪汪的。那时也没有味精、鸡精一类的调味品，却也挺鲜香。

冬天，父亲总是会变着法地熬夏天晒的干白菜、干豆角、干萝卜，等等，偶尔也给我们熬一次大豆腐，那就算改善生活啦。

父亲把豆腐托在左手掌上，右手拿菜刀将豆腐切成块，然后将豆腐下到热油锅里煎至两面起黄皮，再添上清水、大盐粒子、葱花等，盖上锅盖，慢慢烧开就可以出锅了。豆腐吃到嘴里，有点烫牙，咽到肚里，浑身暖乎乎的，用那汤泡饼吃，吃得香，吃得饱。

在父亲的手里，什么菜都能熬。父亲说："熬菜软乎、烂乎、热乎，好消化。"是的，吃了那么多年的熬菜，有时甚至是没油水的，但吃得也很香甜，而且我们家到现在没有一个得胃病的。

熬菜的香味中弥漫着父辈深深的情、厚厚的爱，是我记忆中永远抹不掉的思念。

（张泽峰）

无瑕的老豆腐

父亲的石磨坊，远近闻名。

这得益于父亲做豆腐的独特工艺，他沿用的是老石磨磨制、纱布过筛、木火烧煮、卤水点沸的传统手工工艺。经父亲双手做出来的老豆腐，干净洁白，口味醇厚。

父亲做豆腐，取的是甘洌清泉，提前一天就要用清水把黄豆泡上，第二天五更起来早早用石磨磨制，再将磨好的豆浆倒在纱布上滤去渣子，之后把滤净的豆浆倒入锅中，木炭火熬熟，缓缓匀入盐卤搅拌，形成大块豆花后，将豆花倒入事先平铺上纱布的模具中，再用重物压实模具，一盘散发着浓郁豆香的老豆腐就做成了。

记得我小时候，有一次，父亲做好了两大盘老豆腐，正要去镇上，却不慎扭伤了腰。母亲焦急万分，非要拉着父亲去县城治腰。可是眼望着两大盘还散着热气的老豆腐，他们愁上了眉梢。新做的老豆腐如果当天卖不出去，就会变馊。

看着一脸愁容的父母，我大胆地说："我去镇上卖豆腐。"

母亲看看父亲，父亲看看母亲，过了许久才点了点头。

母亲帮我把两大盘老豆腐抬上独轮车，我望一眼倚在床上因腰疼呻吟连连的父亲，鼻头霎时一酸，抹一把泪，脑际瞬间闪过一个念头。我暗暗将一块平日把玩的磁石放进衣兜，转身推上父亲的独轮车“吱吱呀呀”走了。

那天的老豆腐卖得出奇的快，不到一个小时，就被镇上的叔叔阿姨们抢购一空。我高兴地推起车往回走，这时天下起了雨，雨挺大，碎石般砸在身上。雨雾里的我慌不择路地奔跑，不小心把独轮车搡了个底朝天。秤和豆腐盘一下子从车上飞了出去，秤砣偏巧落入路边的水沟，奇怪的是，那秤砣落水并未下沉，反倒悬浮在水面上。

我从路边捡了根树枝，在水中捞了许久，秤砣却纹丝不动。忽然想起夜间纳凉时乡亲们讲的鬼故事，我吓得慌忙丢下独轮车往家跑，到了家，倒头就钻进被窝里。淋雨加上惊吓，我高烧不止，大病一场，在床上整整蒙头昏睡了两天。

这天的老豆腐，我比父亲平日多卖了八元钱。父亲数数钱，先是皱眉，后是抽闷烟。他的脸上，罩上了一层阴云。

一周后，父亲腰疼病初愈，天不亮，早早起床，摇起石磨，做好老豆腐，就急着拉上我去镇上卖豆腐。那天在镇上，父亲向每个顾客反复唠叨着上次孩子卖豆腐看错秤星的事，一再表示歉意，顾客临走时，父亲还要贴上一块热豆腐。

这一天，父亲卖出的老豆腐，比他平日少了十多元钱。

岁月流转，斗转星移，十多年的光景水一样淌过，老家小镇的人在变，物在变，但小镇上唯一不变的，是父亲的石磨坊和那两盘大石磨，是清晨回荡在小镇中父亲独轮车的吱吱呀呀声。

如今，父亲做的豆腐在小镇上带动形成了一系列名优小吃。小镇上的人们将父亲制作的老豆腐，或油炸，或与小葱、香椿、辣椒、韭菜花等煎炒，或与肉类一起加入葱、姜、蒜、酱油熬煮，口感韧劲十足，让每一个来小镇品尝后的人留恋不已。特别是豆腐发酵霉变后经过炸制，浇上香油、青辣椒、蒜泥、芫荽末、酱油和食盐制作的臭豆腐，其色、香、味俱佳，外酥里嫩，清香可口，奇特诱人，亦臭亦香，成为地方盛极的经典绝品，受到了众多食客的青睐。

一次，在父亲的豆腐坊，我突然问起他的老豆腐持久不衰的秘诀，他笑了笑说："记得小时候你第一次卖豆腐的事不？其实当日你回来的那天晚上，我在归置秤的时候，就已经发现了你在秤盘底下吸附的磁石。这磁石，是能粘牢在秤盘上，但它只能吸铁，却不能吸走做人的根本呀！父亲用石磨做的老豆腐，与这做人处事是同一个道理，来不得半点虚假！"

他的这句话，说得平静而从容。就在他掀开新出笼的老豆腐那一刹那，熟悉的老豆腐香味扑鼻而来，沁入心扉，久久不去。

看着石磨坊里瞬间升腾而起的袅袅白雾，我发现父亲做的老豆腐和这些白雾一样，是那么洁白，那么无瑕。

（李世营）

馄饨挑子

吃是一件既美好又严肃的事情，很多人在吃上执念很深，引发甜党、咸党争端，且双方一再交恶拒绝妥协。我无意在咸甜两党之间站队，对粽子、豆花也没有特殊情感，咸也行，甜也行。相比之下，我喜欢馄饨，清白坚定，咸甜两党再不太平也不可能在馄饨身上掀起事端，馄饨不迁就任何一方，只咸不甜！

天南海北即便再改头换面，你也肯定没有听说过豆沙、芝麻馅的馄饨，馄饨将肉馅儿或者菜肉馅儿进行到底。

上海人偏爱荠菜大馄饨，并将其当作午饭，而早饭喜欢清清淡淡的小馄饨，夏天胃口不好时喜欢花生酱拌馄饨。沪上知名的馄饨连锁品牌，口味一般，只能果腹，对于一些胃口大的人甚至连果腹的要求都达不到。

福建千里香馄饨和沙县小吃一样遍布全国，最大特点是一层红葱油飘在碗上，再无特别之处。

闽地还有一种馄饨叫扁食，一般是将猪的前后腿肉用棒槌敲打成肉泥做馅，口味只能见仁见智。

和大多数人一样，我也喜欢粤菜，但我对云吞或者云吞面就是爱不起来，觉得汤头寡淡。

川蜀之地的抄手离不开红油，其实只要有那一勺红油，再苍白的面食都不会过分难吃，所以这道红油抄手，抄手已然不再是主角……

记忆深处有一碗馄饨，说魂牵梦绕似有夸张，我日后曾无数次回忆起那味道总觉遗憾，一来因为再也没有机会吃到，二来我竟不知下得一手好馄饨的人来自哪里。

十岁之前我在矿上长大，在地方矿务局偌大的国营系统中，我成长的那个小煤矿是一个小小的封闭的社会。那里都是一模一样的房子，被称作工人村，大家既是左邻右舍、邻里街坊，又是同事、同学，那里保守闭塞，但却单纯而安逸。医院、食堂、学校、电影院、公园、图书馆……应有尽有，曾是我记忆深处的桃花源。

工人村因为中间隔着宽宽的马路而分为东西两村，馄饨摊便在东村西村之间占据着最有利的地形。准确地说，那不是个馄饨摊，那只是个馄饨挑子。

记忆里的馄饨挑子应是竹制的，它精致讲究、风尘古朴，像是祖传一般经历了年岁洗礼。一根扁担似的横梁横亘中间，一头底下是烧柴，上面嵌入一口铝锅，木制锅盖掩不住升腾的热气，水开之后要再舀一勺凉水直接浇下去，水开两遍馄饨方能出锅；另一头是抽屉式的，包好的馄饨被老板大手轻轻一抹便全部落入扁扁的第一层抽屉中，二层三层则分别放入一天的零钱流水以及码放整齐的瓷汤勺。

挑子最上层是老板的操作台面，一只掉了漆的破烂搪瓷碗装着大半碗馄饨馅，粉白相间，依稀见得嫩绿小葱、香芹之类拌在其中，四四方方的馄饨皮子码得整整齐齐，老板左手揪起一张皮子一角，右手的木头棒子在肉馅里稍稍一转，棒子头上沾着的馅料往左手心的馄饨皮里轻捣几下，松松一攥，六七分力道，馄饨就有了形状。老板将其轻抛一边，很快成堆凑成一碗。这样的动作过于娴熟，以至于烧水、包馄饨、给客人端上桌，间或抽空洗碗都不耽误。一个人，一个小小的馄饨挑子，担起了一家人的生计。

我嫌弃现在的馄饨皮，机器加工的皮子太厚，丧失了灵气。记忆里的小馄饨尤其是盛到老式瓷质海碗里的尤显得皮子又透又薄，汤汤水水最适合孩子和牙口不好的老人。

最上面的半层馄饨裸露在汤水之外，直接与空气接触，映透着馅料的粉嫩，尽显皮子的轻薄通透，馄饨皮顶着胡椒粉和细碎的咸菜末，丰富而深情。大骨熬的汤水里卧着一个白白的情绪饱满的水扑蛋，让人感到无比幸福。

那时候馄饨里的鸡蛋可以自己从家里带来，老板代加工，也可以摊头上添些细碎硬币毛票加上鸡蛋一只，那样的年月论有营养的好东西，鸡蛋数一数二。

小馄饨里肉馅不会太多，更像点缀，就是这样一碗馄饨在当年的日子里成了孩子们最好的念想，一茬一茬的孩子在这个馄饨摊子旁边长大，读了矿上的子弟小学，放了学不用爸妈带来自己也知道在摊头吃一碗填饱肚子。

在并不太富裕的年代，大人们不需要花太多代价就给孩子打了牙祭，嘴巴再挑剔的孩子因为有了这个馄饨挑子左右是饿不到了，爹妈心里从此有了定数。

我喜欢老板的馄饨挑子，更喜欢看老板包着馄饨操持着生计的背影，方寸之间成就了他自己的江湖，那近乎有着纵横四海的感觉。只是那时候的我太小了，记忆也太有限，我甚至记不得老板的模样，更判断不出他的口音，靠仅有的点滴回忆猜想他必定是异乡人，全凭一点手艺立足他乡。想他必有自己的心酸坎坷，说不出、道不出，只能包进一个个生动温顺的小馄饨里，熨帖着小煤矿上一个个本分实在的人和他们乖巧的胃。

我十岁之后再也没有回过当年的小煤矿，后来我无论在哪里吃馄饨，都希望能见到记忆中的馄饨挑子。

让你的记忆绵长纠缠的绝不是单纯的口味，只有隐没了感情和往事的味道，你才道不明、放不下。

很多东西在经历的当时是平淡而隐秘的，而你不懂的是，这样的平淡无奇为何能在日后绵延在你最长的记忆里，像过去的事，散去的人……

（刘　畅）

第三篇

千滋百味话锦年

美食锦年，滋味醇厚，

家常的滋味，恩情脉脉。

所有在舌尖上划过的飞逝时光，你以为忘记了,味蕾却记着。

雪沫乳花浮午盏，蓼茸蒿笋试春盘。

最美人间烟火气，人间有味是清欢。

清粥一碗最暖心

身体倦乏、有恙，食不甘味之时，总会有人递一碗清粥到嘴边，起初是母亲，后来是妻子。顺滑、温润的流食清粥穿喉入胃，如亲人的温柔爱抚、似祛病的良方药剂，让身心倏地“暖”起来，每个细胞都在扩张、释然，继而美美安眠，醒来满血复活。

粥，熬粥人，总是最暖心、最懂我。每次归家，母亲都会在檐下架起铁锅、燃起灶火，花半天工夫熬上一锅豆粥，待我口干舌燥踏入家门时，畅快来上一碗，解渴解乏、解饿解馋。

清晨，或没胃口时，愿意熬上一碗白米粥或小米粥。看着白米粒、黄米粒在沸水中翻腾、跳跃，直至绽成一团团米花；汤亦慢慢细腻绵密起来，粥香四溢。一直以为，脂稠玉浓的米粥，是圣洁而又美妙的尤物；再配一套清新雅致、做工考究、中国风的瓷质碗匙，自以为最佳，养眼养胃、怡情怡心，喝罢神清气爽，暖暖开启美好一天。

晚餐，愿意熬上一锅香浓的八宝粥，可饮可食，甚是贴心。

因远离土地，每次精心配备熬粥食材，我都因其来之不易而心怀敬畏。那些红豆、绿豆、花豆、花生，都是留守故土的父母辛勤耕种、晾晒，亲手捶打、剥了送来的；那些玉米糁，是母亲吱呀呀推动老碾，一粒粒碾磨出来的；那些红枣、板栗，是我多年前教过的学生从老家带来谢师的；那些莲子，是远在白洋淀的同学快递寄来尝鲜的；那些红薯干、南瓜干，是妻子在响晴的午后，细细切了，一点点翻晒晾干的；就连熬粥的水，也是我往返骑行十余里从山间取来的山泉。

饶有仪式感地、虔诚地带着一颗感恩的心去熬粥，粥也便有了情怀。揭开锅盖，原本干硬的食材，经过熬制，相互融渗、浸透，米水融合，柔腻合一，变成黏稠、软糯、柔滑的粥，色泽诱人，清香满屋；喝到嘴里，香甜可口，知冷知热，如在品尝生活中的百般滋味、万般情愫。

好粥自当与他人分享。我常满满地盛上一大碗，赶着饭点儿，让女儿端给邻居品尝。一碗清粥，换来邻人灿烂的笑容、邻里和睦的相处、女儿知礼的成长，当是别有一番滋味在心头。

四季皆有粥，自有四时应景小菜相佐。春有凉拌菠菜、夏有拍蒜黄瓜、秋有笋丝藕片、冬有萝卜泡菜，再配以榨菜、泡椒、炸花生、炒蚕豆，“清粥小菜”，饶有情趣。馒头、油条、花卷、包子、摊片儿，与清粥、小菜搭在一起，堪称绝配。

粥称不上主食，充其量只是配餐，却因其独有的平民气质、温柔情怀，而深受推崇，甚至成为某种情愫的引子，让人欲罢不能、难以释怀。当你孤独、无依、疲累、染病之时，粥都会不离不弃地贴心而至，给你最温柔的呵护与滋养，进而使你释怀、舒爽、暖心。

每次外出就餐，我都会盛上一碗粥，慢慢喝下，因为粥里有这世间的一切感情，有着千滋百味的美好。粥懂我的胃，更暖我的心。

（张金刚）

酸汤子的硬气与酸性

面条色泽如黄玉，入口顺滑筋道。闻之似酸似甜，顿时满口生津。面汤温润清亮，若再浇上一勺东北炸大酱，发酵的酸、大酱的咸、玉米面的甜融合在一块儿，就是这种独特的馥郁香气征服了一代代的老东北人。鸡西这片儿有句老话，酸汤子，滚滚烫，味久长。

酸汤子又称攥汤子，源自满族，是东北的特色美食之一。南方人第一次听见酸汤子可能会一头雾水，会猜到底是汤还是面。每到上秋季节，老东北人都会有腌制食品的习惯。那时候住平房的比较多，把新打的苞米粒子放在凉水里，在屋里搁上十几天。等到泛出了酸味儿，就可以捞出来了。

攥汤子是个手艺活儿，尤其是压面机还没有普及的年代。汤子的粗细长短，都是靠手劲儿。手劲儿小了，面团子过不去虎口，汤子粗细不均匀不说，还容易煮不熟。

我开始记事的时候，老家就已经搬进了楼房，做酸汤子就有点不方便了。不过那时候，街上已经有不少汤子馆了。每到姥姥不想做饭的时候，就会带我去买一大碗酸汤子，一老一少刚好吃个饱。

酸汤子也分凉吃热吃，冬天就着热汤吃，吃面反倒不重要。伏天里不干活儿都出一身汗，所以干脆把面汤倒掉，直接用大酱拌着吃。一大碗酸汤子两块钱，一大勺鸡蛋酱要多花五毛钱，馆子里很少有人阔绰地去买。所幸的是，有一年夏天，汤子馆把锅搬到了门口，现做现卖。

我目睹了攥汤子的过程，厨师的虎口处夹着一个类似漏斗的铁片，揪下一块面团儿。十指用力向内挤压，攥汤子的时候手臂需要甩动。挤一下的同时大拇指顺着铁片沿口抹一下，一条金黄的汤子便蹿了出来。

一晃便是十多年，生活的富足逐渐满足了口腹之欲。但在那一片老街区，熟悉的酸味儿已经闻不到了。我偶尔走进一家新开的汤子馆，与当年的老馆子相比，可算是富丽堂皇。要了一碗酸汤子，刚秃噜一口就觉得味同嚼蜡——面条是机器压的，远没有手攥的粗壮有嚼头；大酱也不是手工制作，因为老式大酱细闻有股子臭味儿……现在的大酱是香甜十足。虽说越演变越精致，但并不是当年的老口味了。

曾经跟一帮东北老把式闲聊，有个自称闯关东人的后代说，背井离乡的灾民们凭着一口气撑到黑龙江，好酒代表豪性，嗜辣代表硬气，发酵才能有酸性，打破束缚获得新生，当年人们正是靠着一股天不怕地不怕的硬气与酸性，才有今天的黑土粮仓。

因为一口吃的，先辈们来到这儿。同样，后辈们因为一口酸汤子而重新审视自己。不忘初心，不管什么方式，这种酸性终究还是会传承下去。

（张瀚铎）

一钵鸡汤酒一杯

天冷出了新境界。早上去厨房，看到水龙头上挂着一串晶莹的冰凌，我不禁小小愣了一下：原来创造生活之暖的圣地，也逃不过严寒横扫的屠刀。

我们要在厨房创造出怎样的食物，才能与如此壮阔的寒气抗衡呢？略有一点生活常识的人都知道，这应是汤汤水水的、热气蓬勃的、氤氲在空气中的诱惑胜过了舌尖上触摸的、气息醇厚而又富有热量的、容易滋生出厚厚脂肪当作贴身小棉袄的……般般种种剔抉下来，这道食物只能是——鸡汤。

鸡汤在冬日里的好，数年前曾经深深地体味过。那是在江南，湿冷的异乡，薄暮里踏着雪花归来。那雪真是大！全然是从塞北吹过来的，纷纷扬扬，搓棉扯絮，把青隐隐的江南全铺白了。小屋里寒气砭骨，在白炽灯的昏黄光影里，把一点点鸡肉、一点点胡萝卜投进电热杯中。不多时，随着杯子咕嘟咕嘟念经似的低语，氤氲的蒸汽弥漫了小屋，鸡汤的味道出来了，浓郁甘香，无可比拟。用小匙子舀在碗里，轻轻抿一口，游子的落魄顿时化为落心落肚的欢喜——滚烫的鸡汤，该用怎样的诗句来赞美你呢？便是“一日看尽长安花”的得意也不足以形容了。

有滚烫的鸡汤，就要配滚烫的白酒。自古鸡酒不分家。把酒话桑麻就的是什么？就的是鸡。迟子建有一篇小说叫《黄鸡白酒》，那是一间酒馆的名字。不是“黄鸡红酒”，也不是“白鸡黄酒”，只有白酒和鸡配，才能得到最大程度的热辣。

在江南湿冷的雪夜，小屋里除却鸡汤，还有白酒。于是抿一口鸡汤，抿一口白酒，漂泊的灵魂悄然融化，终于消释成微醺的小幸福。

如果没有鸡汤的热量，只有虚张声势的白酒，也是不足以抵御阴损的寒气的。

年少时，我曾经做过一段时间的乡村医生，在一个雪气凛冽的冬夜，有喝了酒打架的人前来就医。头破血流且不提，那些棒小伙都哆嗦得弹棉弓似的。

问：“为何冷成这样？”答曰：“喝了酒嘛。”

“喝了酒就不耐冻？”答曰：“酒后寒嘛。”

噢，原来没有坚实的汤水打底，喝酒御寒也是不管用的，就像“雪后寒”一样，多少诗意之美、英雄之气都敌不过那阴险到骨子里的冷。

而鸡汤配白酒，全然不同。白酒的辛辣升华了鸡汤的醇厚，鸡汤的暖又熨帖了白酒的不平，两两相和，相得益彰。

在这样的节气里，炖一锅滚烫的鸡汤无疑是极好的。除了鸡外，别的食材可以随便添加：蘑菇啦，土豆啦，萝卜啦。锅子在灶上咕嘟咕嘟响着，咕嘟得久一点也不要紧，就让那醇香的白气填满整间屋子吧。对面不见人，懵懵懂懂如同雾里看浮世，最好。

炖得了，捧一钵鸡汤，端一盏白酒，慢慢地抿着，慢慢地体会。恍惚之间，幸福感小小地荡漾起来，人世的诸般艰辛似乎都不足道了。

（陈君玲）

“猫耳拨鱼”是见过世面的面

面筋诞生在以面食为主的北方，这里宽广的土地、长时间的阳光雨露，造就了小麦丰厚的淀粉，以这样的小麦粉来洗面筋，量大且美味。

小时候，我曾见母亲洗面筋，用抽出来的深井水和面，不停地揉搓手中的面，水呈乳白色，手中的面团在不断揉搓之下颜色变深、有了小孔，这时面筋就洗出来了。

洗面筋的水并不会浪费，可以用来煮咸稀饭。面筋可以作为辅料，与海带、油炸花生、青菜丝、胡椒粉等在一起熬煮。浓浓的一锅粥，渐渐黏稠，面筋愈加发挥出它筋道的优势来，唇齿之间偶尔还会吱吱作响，如踏雪之声。面筋爽滑清香，是最好吃的拉丝蛋白，吃起来，似舌尖上的芭蕾。

面筋可以用来做粥，也可以清炒，切成片儿，与木耳、花椒在一起清炒，面粉的香、菌类的鲜被充分催发出来，直逼人心。用面筋做卤味也是不错的选择，把面筋做成面鱼状，油炸之后，配上高汤做成的卤汁一起煮，在味道上更胜一筹，面中有酣畅的肉味，又少了几许肉的油腻，广受食客们的欢迎。

皖北地区是面粉的主产地。喜欢吃面筋的人也很多，旧时，洗面筋在乡村是一道风景，白白的面团在水里洗了个澡，醒了个神，摇身一变，就成了面筋。和软软的面粉相比，面筋沥干了多余的水分，在柔韧度与力道上更胜一筹，因此，它被誉为“见过世面的面”，或是“修炼得道的面”，在营养上，面筋又有“植物燕窝”之称。这样一个皇冠一戴，真有些“旧时王谢堂前‘燕’，飞入寻常百姓家”的意思！

北京市珠市口西大街241号，也就是虎坊桥路口东北角，是纪晓岚故居阅微草堂的所在地，这里的前厅，在中华民国时期被改为餐馆，老舍先生常常到这家餐馆去吃饭，其最常点的一道菜是“猫耳拨鱼”。

“猫耳拨鱼”是个什么吃食？说白了，就是揪面筋片。吃东西也要寻一个好去处，格调要雅，气氛要融洽，这样吃起来才舒心。老舍先生吃过这里的“猫耳拨鱼”后，诗兴大发，挥毫写下这样一首诗：“驼峰熊掌岂堪夸，猫耳拨鱼实且华。四座风香春几许，庭前十丈紫藤花。”吃美食，赏美景，美美与共，心旷神怡。

我有时候想，津津有味这个词，或许应该写作“筋筋”有味才对，没办法，太偏爱面筋了。

（李丹崖）

苦瓜的独特魅力

苦瓜因瓜肉、瓜瓤味苦而得名，有趣的是，苦瓜虽苦，却有君子风度，从不会把苦味传给“别人”，苦瓜若与其他食物一起煮、炒，如苦瓜烧肉，苦味却不入肉中，因此苦瓜有“君子菜”的美名。

父亲是南方人，爱吃苦瓜，但我小时候是吃不得“苦”的，餐桌上只要有苦瓜这道菜，我便绝不会下筷。父亲每次做苦瓜之前，会把切好的苦瓜用盐水浸泡五分钟，把苦水挤出，再用凉白开反复冲洗几遍，然后炒食，这样做苦瓜的苦味减轻了，但风味犹存。父亲的用心，让我渐渐地喜欢上了这种苦味。苦瓜其实并没有想象的那样苦，苦瓜的“苦”更多是一种经典的与众不同的味道，咽下去，便会凉意沁脾。苦瓜虽苦，但苦中有清凉，夏日食之爽口去燥，顿消暑气。

生活中，大多数人喜欢甜食，而对于苦味食品较反感。其实，多吃点苦味食物，你的身体或许可以多享受点健康的“甜”。苦瓜气味苦、无毒、性寒，入心、肝、脾、肺经，具有清热祛暑、明目解毒、利尿凉血、解劳清心、益气壮阳之功效。另外，苦瓜中的苦瓜甙和苦味素能增进食欲，具有健脾开胃、消炎退热的功效。夏天，人易中暑，加之多雨湿热，常食苦瓜对身体极有好处。

盛夏，正是吃苦瓜的时节，苦瓜以“苦”的独特魅力，成为消夏之佳品。民间有云：“夏有苦味心自清。”苦味食品可泄去心中烦热，具有清心作用。苦瓜做法多样，可炒，可煲，可凉拌，亦可入汤。

夏天有时为了省时省事，不想动火，便常常食凉菜，将苦瓜切成丝放置在盘中，倒入开水浸泡半小时，用手挤掉苦水，再用凉白开漂洗干净，放入适量白糖调拌成凉菜，这样食之清甜香脆。

家中吃苦瓜，最常见的做法便是肉片炒苦瓜。把鲜肉切片，苦瓜洗干净切片，将切好的苦瓜放入碟中，用细食盐搓揉拌匀，再用冷水漂洗两三遍，减去苦涩味。食油旺火起锅，先把姜丝、蒜末、辣椒段置于锅中，蒜蓉爆香时，投入肉片，翻炒一阵，烹入料酒。这时候再加入苦瓜片、适量的高汤、胡椒粉、盐与味精。将爆炒的苦瓜出锅端上餐桌，用筷子夹一小块放进嘴里，轻轻咀嚼，脆脆的，一缕纯正的苦味顺着喉咙流进腹内，实在妙不可言。炎炎盛夏，满盘翠绿，让人食欲大开，暑气消退。

夏季口干心烦，总是感觉心渴，于是每餐是离不开汤的。苦瓜入汤，可以去火、增进食欲。苦瓜汤做法很简单，我最爱喝的便是酸菜苦瓜汤，先将苦瓜去蒂剖开，用刀切成薄片，加点蒜末，用少许猪油煸炒，撒盐炒入味，加入酸菜一起炒香，然后加开水小煮一会儿，最后放入鸡精、葱花即可。苦瓜汤解暑清热，汤鲜味苦而酸，回味却是淡淡的香。

苦夏要吃“苦”，吃得“苦”中苦，才会得甘甜。苦尽甘来，在苦瓜里寻找这种生活中的“甜”，别有一番滋味。苦瓜消夏，让这个夏天更有了滋味。

（张宏宇）

酸梅汤煮夏

前些天我去北京旅游，在逛琉璃厂时忽然想起了琉璃厂信远斋的酸梅汤，这家老字号的酸梅汤曾出现在诸多文学大家的笔端纸上，我这个“美食家”又怎能不慕名前去品尝呢？可遗憾的是，当时天色已晚，我转了半天都没有找到“信远斋”，只好在另一家店里买了一碗酸梅汤喝。刚喝一口我就想吐出来，这哪里是酸梅汤，分明是焦糖、糖精、醋酸的混合物嘛！这碗酸梅汤居然还要五元钱，我于是愈发怀念起小时候学校旁的小店里廉价的酸梅汤来了。

我读小学时，可口可乐、百事可乐还没有进入中国，冰激凌也是稀罕物，那时的酸梅汤便是大家的“可乐”。

那年夏天，我们学校旁新开了一家冷饮店，店面非常小，一台冰柜靠在墙角，依稀记得是“白雪”牌。店主是个老伯，他做的酸梅汤酸甜可口，幽香四溢，一碗下肚，暑气全消。冰镇酸梅汤五角钱一碗，我常来喝，每次老伯总是给我盛上满满一碗，如果我意犹未尽，老伯还会给我续上半碗，却从不多收钱。

我问老伯，为什么他做的酸梅汤味道比别家的好？老伯告诉我，他家住在市郊，每年秋天他都要去山上采摘野生乌梅。乌梅摘回去后洗干净，然后用线绳穿起来晒干。等到来年夏天，他把乌梅取出来，找一口大锅，将干乌梅和新鲜山楂放进去，沸水煮十分钟后再用小火熬，同时加入桂花、冰糖。大约一个小时后再取一个大瓦罐，上面放上一层纱窗网，将乌梅、山楂的果皮和果核过滤掉，过滤好的酸梅膏冷却后，再用凉白开稀释成酸梅汤分装进玻璃瓶里，再放到冰柜里冰镇上。

老伯做的酸梅汤用料天然，味道当然地道。那年夏天过完后，我升入了初中，等再想喝老伯的酸梅汤时，他的冷饮店已经变成了文具店，文具店的老板说老伯家里有事只好把门面转让出去了。当时我有些失落，也许这辈子再也喝不到那样美味的酸梅汤了吧！

如今高糖少营养的饮料被人们屡屡诟病后，我们返璞归真，酸梅汤重新回到人们的视线里。现在去逛超市总会看见货架上摆满了各种老字号生产的酸梅汤，销量还不错。

今年入夏以来我一直食欲不振、咳嗽痰多，吃了药也不见好。忽然想起《白蛇传》里有“乌梅辟疫”的故事，心想，在炎炎夏日喝上一碗酸梅汤岂不快哉！

其实自己熬制酸梅汤并不复杂，我买来乌梅、山楂、冰糖、桂花，按报纸上的介绍如法炮制，酸甜爽口的酸梅汤竟被我一次就做成了。一连喝了一周酸梅汤，我食欲大振，咳嗽也不知不觉好了。难怪中医说酸梅汤有“消暑送凉、祛痰止咳、行气散瘀、除烦安神、生津止渴”之功效，看来此言不虚啊！

（卢素玉）

人间上品草炉烧饼

冬日午后，铅云密布，北风呼啸，天空飘起了雨丝，傍晚时分，又转为纷纷扬扬的雪花。刚健完身洗完澡的我，走在冰冷的街道上，顿觉“饥寒交迫”，心情也跟着沉郁下去。

忽然，一股熟悉而又陌生的焦香味扑鼻而来，我不由得循味走进小巷深处，只见在“正宗扬州草炉烧饼”的店面招牌下，老板正忙着做饼，边上围着四五个顾客。虽然这间小店仅以废旧的油桶为炉，没有以麦草为燃料，饼的外形也与扬州草炉烧饼相差较大，但处于冰雪、饥饿的双重裹挟下，我有口热乎的东西下肚，就能心思活泛，勾连起对家乡美食的回味，至于饼的正宗与否就无关紧要了。

草炉烧饼又叫大炉烧饼或黄烧饼，是具有扬州乡土风味的小吃，《梦溪笔谈》曾记载：“炉丈八十，人入炉中，左右贴之，味香全美，乃为人间上品。”它以稻草和麦秸秆作燃料，以砂缸去底作炉膛，使烧饼有一股秸秆的清香。制作时，将发酵好的面团内拌入少量的碱液，揉搓均匀，将其搓成长圆条状，再分成一样大小的面团，揉成圆形或椭圆形饼坯放在案板上，压扁，刷上料糖并撒上芝麻。然后快速地将白生生的饼坯一圈圈贴在炉膛里，待饼坯由薄变厚，鼓成馒头状，表面呈金黄色后，此时火也正好烧尽了，铲起饼落，兜满倒出。

此烧饼原料不考究，不以酥脆、层次丰富、馅料口味多样取胜，犹如不施粉黛的村姑，素面示人，散发出自然的面粉香气，且越嚼越有味道，让人体悟到大道至简的道理。

由于味美价廉、分量厚道，草炉烧饼深受老百姓的欢迎。小时候，街头巷角，晨起昏落，一个老头儿，破帽烂裙，整日围炉制饼，买主络绎不绝的场景，至今仍浮现在脑海中。我母亲最喜欢买此饼，常常一买十多个，既当早点，又当晚茶，厨房、客厅甚至卧室都有咬剩的烧饼，也搞不清是谁咬的，给整个家庭平添了浓浓的生活情趣，我也经常枕着烧饼香入眠。

对于一时无法吃掉的草炉烧饼，母亲则将其与鸡汤、骨头汤、猪肝汤配食，饼浸泡在汤里，越泡越酥，越浸越香。咬一口饼，脆中带软；喝一口汤，鲜而不腻，别有一番滋味在心头。

记得上小学时，每逢下雨天，为了不迟到，我往往一边吃着草炉烧饼夹油条，一边在泥泞中跋涉，尽管屡屡摔成了泥猴子，却不放弃、不哭泣，兴许是草炉烧饼赐予了我无穷的力量。

如今物质生活条件大为改善，可供大众选择的茶食、面点品种繁多、风味各异，草炉烧饼早已湮没其中，难觅踪影。再加上做草炉烧饼要整天面对上百度高温的炉膛，手臂要在炉中摸来摸去，稍有不慎，就会破皮烂肉，且饼的价格低廉，因此现在年轻人都不愿学，这使得草炉烧饼的制作陷入了即将失传的境地。

我有时会在菜市场、大排档附近寻找草炉烧饼的身影，母亲偶尔也会从老家带饼过来，但估计是原料不对、手艺不精，抑或时过境迁的缘由，我尝到的所谓草炉烧饼，已没有了当年的滋味。

还是莫作无谓的叹息，不如就让草炉烧饼活在过去的风生水起中，为岁月回首，增添一些温馨的画面吧。

（胡海波）

腌菜酸甜飘香

宋太宗赵光义问翰林学士苏易简："食物中无比珍美的是什么?"苏易简说："食无定味，适口者珍。臣的体会是，腌菜汤最美。"宋太宗听了，不怎么理解，又追问何出此言。苏易简解释说："臣在一个非常寒冷的夜晚，抱着暖炉温好了酒，几杯下肚，大醉之后，上床盖了几床被子后睡着了。半夜忽然醒来，口中觉得非常干渴，于是穿衣下床，乘着月光走到庭院里。我一眼看到角落里立着一个腌菜坛子，顾不上唤来侍童，自己用雪洗了手，倒出酸酸的腌菜汤一口气喝完了几大碗。臣在当时以为，就是天上的鸾脯凤脂，也比不上那腌菜汤的滋味了。"

苏易简说的腌菜汤，就是客家人用葑菜(芥菜)腌制而成的。

闽粤赣的33个县是客家人聚居地和大本营，在这里繁衍生息的客家人都会做腌菜，都爱吃腌菜，家家都储备几缸腌菜，以前，家庭殷实与否就是看其家中有多少缸腌菜。

冬春时节，一园一园的葑菜青翠欲滴，选肥嫩的叶子摘了洗净，摊在河畔干净的鹅卵石坝上，在暖暖的冬日之下，晒至水干及茎叶柔软，然后一把把切碎，堆在扒篮里，叫小朋友洗净脚，在上面蹦跳踩压，挤出青色的汁水，盛入预备好的大瓦瓮里压实，上面再压上干净的黄光石头(大鹅卵石)，舀入凉白开，密封瓮口，一个月后揭开，清香扑鼻，黄爽美丽，可立即食用，且可储存半年之久。

腌菜汁和切碎的湿腌菜、红辣椒一起煮，不加油盐等调料，煮成原汁原味的腌菜汤，此汤是客家人正月待客和做酒席的压轴汤。正月里，大碗喝酒，大块吃肉，油酒不易消化，来一碗腌菜汤，顿觉肠胃舒畅，神清气爽。湿腌菜捞起挤干汁水，切碎下油锅，和红辣椒、五花肉末爆炒，咸辣鲜甜，酸脆可口，是下饭的好菜。燥腌菜(晒干的腌菜)和五花肉加工成扣肉，燥腌菜能去油助消化，蒸熟的五花肉融入了腌菜的酸甜味，可谓喷香酸甜，直叫人口水上涌、食欲大开。

如果腌菜和鱼拌着一起蒸，味道与四川的水煮鱼相比是有过之而无不及。夏季，客家人还用湿腌菜、鸡蛋液制成腌菜蛋汤，味道酸鲜可口，既是下饭菜，又是止渴的饮料。碎腌菜和粉条煮熟，酸酸的，香香的，就着蒸熟的燥腌菜和霉豆腐，大人小孩吃得肚子滴溜儿圆，连门槛也跨不过去了。醇厚的腌菜汁还有药效，中暑之后，灌一大碗，可救人命，被蚊虫叮咬了，涂抹腌菜汁，便可止痒消肿。

“卖酸菜喽，卖酸菜喽……”客乡圩镇的清晨，总能听到一阵阵客家农女别有韵味的叫卖声，听到叫卖声，姆姆娘娘(老太太和家庭主妇们)探出头去，满口生津，心头泛起一股酸意。端盘下楼，扯上一根，尝尝，酸味十足，细细咀嚼，满嘴酸意，感觉味道纯正，于是称上两斤，喜滋滋地拎回家去。

现在福州各大宾馆、酒店也有以腌菜为主料或配料的各种菜肴，但是总觉得此腌菜非我童年时候吃过的腌菜，那股酸甜香味，也许永远留在遥远的岁月里了。

(李玉林)

水晶芙蓉膏

“岸容待腊将舒柳，山意冲寒欲放梅。”寒冷的冬季，“猫冬”的东北农家主妇总要忙里偷闲，在呼啸的寒风中熬制一些“鱼冻”，供家人食用。

冬天吃鱼冻是辽河平原的一种传统食俗。封冻后，水族们开始越冬，此时的淡水鱼类积蓄了一夏一秋的养分，长得又肥又壮，口感好，营养丰富；鱼冻在寒风中冷却得快，易做。冬季，北国农家餐桌鲜菜稀少，鱼冻算是很不错的补品。

第一场雪飘下来后，北国平原呈现出“千里冰封、粉妆玉砌”的美丽景象。这时节，“猫冬”的大人孩子便操着各种各样的渔具，奔向村外封冻的河湖。辽河平原上水网密布，水族兴旺。虽说鱼的种类繁多，但可以用来熬制鱼冻的最佳原料却只有鲫鱼、鲤鱼两种。

将破冰弄上来的鲜活鲫鱼和鲤鱼，放在清水里养上一夜，去除体表的水腥味和体内的杂物。宰杀后，鱼头、鱼肉及内脏投诸大锅，用猛火炖；单单留下鱼鳞和鱼皮来熬制鱼冻。把鱼鳞和鱼皮洗净，放在砂锅内，添水，加入姜、蒜等调料，然后用文火慢熬。熬上个把小时，熬至鱼鳞残破、鱼皮几乎融化，汤色呈乳白之时，熄火，起锅，将稠汤滤进容器内，捞出姜、蒜等调料，滴上几滴香油，然后冷却，冷却后便是鱼冻了。

做好的鱼冻切块、切片，或用勺舀着吃，皆可。吃时，若蘸些蒜酱、芝麻酱，或撒些青菜末、淋些酱油，则更有滋味了。

鱼冻呈象牙白色，晶莹剔透、通体明亮，切好后码到盘中，颤颤巍巍，如玉山将倾，水晶倒悬，看着可人，吃着馋人——鱼冻色香味俱全，吃到嘴里，鲜香满口，爽滑不腻，在舌尖上滑来荡去，犹如游山玩水一般闲适，味道鲜美，绝无丁点儿鱼腥之味。趁着鱼冻在唇齿间尚未融化之际，咽下肚去，五脏六腑顿时爽意萌生，清新之气自丹田处由下而上、由内而外，慢慢地泛涌开来，让人感觉无比惬意！

因此，从古至今，大平原上的农人们世世代代将鱼冻摆上餐桌，饱以肠胃，也使得越来越多的现代人开始迷恋上了风味独特的鱼冻，把它们推上高级酒店的餐桌，且美其名曰“水晶芙蓉膏”！

古语云：“食不厌精，脍不厌细。”美好的生活如同熬制鱼冻一样，需要精雕细做、长咂细品，越是细做、越是细品，就越觉得生活是如此的多滋多味、绚丽缤纷，让人留恋——这，也许就是鱼冻赐予大平原子民的一点生活启迪吧！

（钱国宏）

甜甜的花米团

和麦子相比，米算是比较细腻的吃食。用米爆出来的米花，就更加可人了。它胖胖的，有一种盛唐气象的美。

在我童年的小小念头里，一直有个想法，把大米、红米、紫红米、血糯米、紫黑米、黑米等各种米融合在一起，用爆米花机爆出来，掺杂在一起，就那么看着，也是一件十分美好的享受。后来，我的这一想法被村口的老大爷给完美呈现了。

那位巧手的老大爷真的把大米、红米、紫红米、血糯米、紫黑米、黑米等融合在一起，爆成米花，然后用糖和蜂蜜熬成浆，把这些米花攒成团，然后用圆形的木质模具压制一下，就做成了花米团，这些花米团用棉线串起来，挂在架子上，老大爷扛着这样的架子走街串巷，肩膀上的那些花米团跳跃着，像是扛着一道道彩虹。

“米团好吃又好看，咔嚓一口娃喜欢，若问米团哪里好，色香味全肉不换。”这是小时候常常听到的歌谣，回荡在兜售花米团的人的吆喝声中、少年们手持花米团的笑脸上、经年不灭的回忆里。

花米团流行于20世纪七八十年代，那时人们的物质生活并不富裕，唯有在食品的花色上多一些创新，增添生活情趣，也借美食的色，增加美食的受欢迎程度。

现如今，可供人们享用的美食美味数不胜数，做花米团的师傅也少了，因此只有单色的米团，用塑料袋装着。卖米团的走街串巷地吆喝着，“米团，米团，不甜不要钱”，这种吆喝声也黯然失色，米团不花，卖米团的人似乎也失去了吆喝的底气。

前不久，在老街深处，再次邂逅卖花米团的师傅，耀眼的花米团像旧时一样，用棉线穿着，挂在架子上作招幌，与旧时不同的是，花米团上还有用果脯制作的青红丝拼出的字，都是一些吉祥话，比如“福”“乐”“爱”……依稀又被时光带着，穿越到了童年。

我曾去过制作花米团的作坊里观摩制作过程。刚进作坊的院子，一股甜香就冲进鼻孔，看着那些“花红柳绿”的米被变戏法似的融合在一起，过程自然，丝毫没有牵强的意思。制作花米团的师傅是在成全大米、红米、紫红米、血糯米、紫黑米、黑米之间的好“姻缘”呢！

花米团一般在节日时最受欢迎，比如元宵节、中秋节，天上一轮圆月，手中一只花米团，望月怀远，花米团养眼可口，人世间最美妙的时刻也莫过于此了。

说起花米团，便想起我一位写诗的文友，她把花米团比作“活跃在人间的流星”。她还说，天上的流星在深夜的穹隆里闪耀，人间的流星在味蕾上舞蹈。这是变着花样夸花米团诱人呢！后来，每每想起她这一席话，再看到流星雨许愿的时候，总觉得嘴角都是甜的。

（李丹崖）

吃鱼散记

我在海边长大，吃得最多的便是鱼。

从小，父亲就常对我说，要想不被鱼的刺刺伤，定要耐心吃鱼。一开始，我担心被鱼刺刺到，还真是谨记父亲的话，小心吃鱼。渐渐，当吃鱼已经变成每天的“功课”，心里便释然了。觉得吃鱼并不是什么可怕的事，倒是鱼的味道鲜美无比，吃鱼前，让我心里总怀着一份美好的期待。以至慢慢长大，渐渐不能习惯饭桌上没有鱼。一旦没有鱼，感觉菜摆得再多，也像没什么菜可以填饱肚子。

后来，到外求学，第一次离开家。学校食堂的菜式不多。同学家里大多也不富裕。那时，一顿学生餐可以拿两份菜，一份是青菜，一份是鱼或肉任选。这真是“鱼”与“肉”不可兼得。别的同学都选肉，唯独我常选鱼。同学甚是不解地说：“腥腥的，有什么好吃！”我一笑而过。同学见我老爱吃鱼，丝毫没“悔改”之意，把我美其名曰为：老鱼。我觉得这称号倒也符合我，便欣然接受。

不觉间吃鱼吃到现在，也吃了很多年。这期间，对鱼的煮法略知一二。鱼可以蒸、煮、焖、炖、煎、炸……可做清蒸鱼、红烧鱼、熘鱼片、炸鱼丸、鱼羹、鱼饺等，只要鱼是新鲜的，怎么煮都好吃。

鱼有大小之分。体积小的海鱼，清蒸我尤为喜欢。把鱼的鳞片、两腮、小肠子去掉，洗干净，撒上一些盐，倒入一些油、酱油，放进锅里蒸上几分钟。那香味，扑鼻而来。尝上一口，清甜鲜美。吃过后，唇齿间也会留着淡淡的鱼香。一位在海边捕鱼多年的前辈曾告诉我，清蒸鱼还可以有更好吃的做法，把最少五种小鱼各选几条，放在一个碟子上同煮，那味道更是鲜香。我试过多次，那味道确比煮一种鱼要鲜美。

吃到最美味的清蒸鱼是初中时，在一位同学家尝到的。那是一个炎热的暑假，我到同学家帮忙挖莲藕。忙活了一天的我又饿又累，身体如散了架般。因用手挖莲藕，十指钻心痛。同学母亲知道我爱吃清蒸鱼，特地买了新鲜的海鱼。鱼蒸熟上桌时，闻着那香喷喷的味道，用垂涎欲滴来形容，还不太能表达出我当时内心对鱼的渴望。我迫不及待地抓起筷子，试一口，那鲜美又醇香的味道，让人吃了还想再吃。吃完了整整一碟鱼，好像还远远没解馋，但又不好意思说。打那以后，我也吃过好多次清蒸鱼，却总感觉没有在同学家吃到的那么鲜美。多年后回想起这事，当年觉得鱼的味道那么鲜美，也许是因为当时太饿、太累了。一个饥肠辘辘的人，吃什么都是香的。

自己也因为这些年每天离不开鱼，便得了些鱼之道。吃鱼来不得狼吞虎咽，纵使味道再鲜美，还是应该少安毋躁，耐心平和。否则，不但品尝不到鱼肉的鲜美，那些不太听话的鱼刺，有时还会不讲情面地刺中你的喉咙，弄得你又惊又悸，以后看到鱼就哆嗦。

其实，生活中，不只吃鱼这样，但凡想要尝到人生中的各种甜美果实，是真的急不来，总得有个过程，不是吗？

（茹琼花）

萝卜味里的萝卜情

周五晚上回乡下看望公婆，走廊里放着几口袋乒乓球大的白萝卜，不知我家闲不住的老太太又搞什么名堂。第二天中午，谜底揭开啦——萝卜烧肉。萝卜是婆婆种的，大的、漂亮的拿街上卖了，小的、不光滑的留家里吃。

二十四节气将至小寒大寒，一场鹅毛大雪已经飞过，老太太的萝卜烧肉绝对应时。冬吃萝卜夏吃姜，不用医生开处方。虽是筛选剩下的萝卜，不中看，但中吃。肉是五花肉，切片，寸把厚，老年人有的是时间和耐性，厨艺颇佳，小火慢炖，精华释放，汤汁酱香。接下来，五花肉自觉让出主角位置，让萝卜登场。水嫩水嫩的萝卜，不糠，切成耳朵状，推到锅里，完全浸没在浓香的肉汁中，猛火煮沸三五分钟，萝卜由生变熟，收汤恰当，润而不干。

蒜叶切成寸段，捧撒在锅里搅拌，蒜香、肉香、萝卜香四溢。惹得我们肚子里馋虫凶猛，赶快盛盘开吃。那萝卜入口即化，竟然没有一丝渣，甜咸适度，余味绵长。我都不吃饭了，光吃萝卜。看我吃饭的样子，老人讲："要是你们还让我养猪，这些了巴子(剩下的)萝卜早就喂猪了。"我笑呵呵地说："喂我们正好。我们不需要特意做好的，有猪的待遇就成。"

萝卜在我的记忆里很美好。我的老家土好水好，种啥成啥。小时候，家里有两三块长田是种萝卜的，那种遍体通红的大萝卜，我们叫它大红袍，一个就有斤把重。

收萝卜的这阵子，家里真的是把萝卜当饭。炝萝卜就粥，一个大红萝卜就够了，不刨皮，切片，断丝，盐拿，醋调，麻油拌。未刨的皮在萝卜丝的两头，一盘菜雪花丛中万点红，极鲜亮，诱人食欲。遇上母亲心情好，还能炸几个萝卜丸子给我们解解馋。外脆里嫩，有萝卜原味的香。对一贯不喜欢喝白粥的我来说，有几个萝卜丸子，再配一碟炝萝卜丝，算幸福组合。

我上初中时，农村家庭条件普遍好了起来，加上正是长身体的关键时期，母亲也舍得给我们弄吃的。最美味的，要算冬天晚上专门为我加餐的萝卜骨头汤。自家腌制的咸猪头，肉剔下来招待客人，骨头分成小块。煤球炉上放砂锅，丢几块骨头，放几粒淡菜，在锅里“咕嘟咕嘟”炖半天。我一边做作业，一边听着这美妙的声音，特别安心。等我收拾停当，洗漱干净，一碗萝卜汤就送到了我手上。外面天寒地冻，手中热气腾腾，香味袅袅，这是我成长过程中无法忘却的温情记忆。

整个青少年时代，我几乎不知道除了红萝卜，还有白萝卜、青萝卜、紫萝卜等多种花色的萝卜；不知道萝卜除了圆的，还有椭圆的、锥子形的；不知道除了冬萝卜，还有春萝卜、夏萝卜、秋萝卜……成年后我有机会见识、品尝其他萝卜。然而可能是年龄渐长，口味返璞，我仍然觉得，小时候老家的萝卜最好看、最好吃。

（王　晓）

大雪腌肉

“小雪腌菜，大雪腌肉。”小时候，我最喜欢大雪这个节气：大人们总会想方设法杀头年猪或者割块肉腌上，给我们解馋和招待客人。

聚少成多，聚沙成塔。到了大雪时，母亲和婶婶们便把攒了好久的钱，一角、五毛，一元、五元……一点点凑到一起，安排爸爸和叔叔们到集上购买家乡的“六道白”猪(头白，耳尖白，脖子白，蹄白，肚皮白，肉夹层的肥肉部位洁白如雪花、晶莹如美玉)。这种猪后腿肥大、肉嫩，是做腌肉的上乘之选。

母亲和婶婶们说说笑笑间，手起刀落，把肉骨分离后，将肉切成一指厚、尺把长的肉块，一条一条的，不能过大、过厚，也不能过薄、过细。接下来，她们在切成的肉上抹调配好的花椒盐。这种用花椒炒制的盐，炒完以后晾凉一点，按照500克肉配50克花椒盐的比例，将其抹在肉上，反复揉搓，直到肉色由鲜转暗，表面有液体渗出时，再把肉连剩下的盐放进缸内，用石头压住，放在阴凉背光的地方。半月后取出，将腌出的卤汁入锅加水烧开，撇去浮沫，放入晾干的禽畜肉，一层层码在缸内，倒入盐卤，再压上大石头。十日后再取出，这样经过反复入味、杀菌的腌肉，挂在冬天阳光丰沛、通风阴凉的屋檐下晾晒，静静地、虔诚地迎接春节的到来。

腌了猪肉后，母亲和婶婶们还会腌鸡、鸭、鱼，以及羊、牛等。乡亲们风趣地说：“四条腿的除了板凳，有翅膀的除了飞机，水里游的除了轮船，都可以用来腌制。”

经过巧手分割、切片、揉搓的各种肉块，再加上阳光的倾洒、寒风的洗礼和孩子的渴望目光的抚摸，具有了独特的风味和缤纷的滋味。大年三十晚上的年夜饭，冷盘菜肴中少不了咸鹅、咸鸡、咸肉、板鸭等，热菜中少不了蒸鹅、蒸鸡、蒸咸肉、蒸板鸭，而红烧腌肉更是大红大紫、喜庆吉祥，连腌肉汤都让我们垂涎三尺、回味无穷。

在那个少见荤腥、远离集市的乡村，家里来客，斩半只咸鹅入锅一煮，香气四溢；或剁一块咸肉，放入饭锅，一边煮饭一边蒸肉，饭带肉香；或将一块咸鸡或咸肉，放入青菜锅中同煮，带有肉味的青菜更是撩人食欲。

咸肉冬瓜海带汤、咸肉河蚌豆腐煲，不仅味道鲜美，而且汤色乳白，具有清火、防暑、开胃的功用。这些质朴、厚实的美味，触手可及、充实丰盈的腌肉，让即将到来的旧历除夕摆足了架子，做足了功课，吊足了我们的胃口，也使年味由抽象变得具体，由平面变得立体。

（周建道）

冬瓜盅

冬瓜是一种极常见、极普通的蔬菜。上市之时，遍地皆是，加之价格较低，制作起来也不像其他蔬菜那样方便，所以一般人并不太重视它。甚至有人认为，用冬瓜是做不出好菜来的。

其实，冬瓜乍看虽然是一“粗”物，但“粗”物也能做出“细”菜来。不相信的话，那你就看看淮扬名菜“冬瓜盅”。

“冬瓜盅”又名“酿冬瓜”。制作这道菜得取用小冬瓜，刮去表皮，使其外表呈淡绿色。然后在瓜的外侧壁上雕刻美丽的图案，如“熊猫戏竹”“仙鹤延年”“连年有余”等，在瓜的顶部开一方形的口，剜下的方形冬瓜块留作盖子用。再掏尽冬瓜腹中的瓤、子，将瓜在沸水中焯一下，待用。下一步就是将猪板油丁、熟火腿丁、熟鸡肉丁、熟鸡肝丁、熟冬笋丁等用调味料爆炒后，加入鸡清汤烩制，然后倒入挖空的冬瓜之中，将盖子盖好。放在蒸笼中蒸到熟透，最后勾薄芡而成。

这道菜，色泽淡雅，外形美观，内藏佳肴，荤素搭配，味道鲜美。据说，有些外国朋友吃到此道菜，竟高兴得手舞足蹈。

如果追溯历史，类似“冬瓜盅”的酿菜我国早就有了。如宋代林洪撰写的《山家清供》中就收有“蟹酿橙”和“莲房鱼包”两个菜肴。前者是将螃蟹肉填入剜空的橙子之中，然后蒸制而成的；后者是用鳜鱼肉填入嫩莲蓬中而后蒸熟的。二者均属于构思精巧，色香味形俱佳的名肴，在烹饪史上颇有影响。

明清时期，宴席上面又出现了专供观赏的“西瓜灯”。明代驰名中外的扬州“瓜灯”就是以西瓜作为原料，将西瓜皮镂空挑花成灯状。还有在西瓜皮上刻以花鸟鱼虫、人物风景，造型十分优美。除此以外，还有形美味佳的“冬瓜盅”“什锦西瓜盅”，都是在瓜皮上浮雕浅刻，以瓜作盛器，真是别开生面。

往后，清初顾仲所撰的《养小录》中收有“煨冬瓜”。和如今的“冬瓜盅”是十分相似的。其制法大致如下：老冬瓜一个，切下顶盖半寸许，去瓤、子净，以猪肉，或鸡鸭，或羊肉，用好酒、酱、调味料进行调和，装满瓜腹，用竹扦三、四根，将瓜盖插牢。竖放灰堆内，埋到瓜腰以上。取灶内灰火，周围焙筑，埋及瓜顶以上。闻香取出，切去瓜皮，层层切下供食。内馔外瓜，皆美味也。

细细分析，可以看出，如今的“冬瓜盅”与“煨冬瓜”是一脉相承的，只是制法变得更加精致了。如今，与“冬瓜盅”相近的菜品还有“八宝香瓜”“西瓜盅”“南瓜盅”，亦成了淮扬名菜。但均为甜菜，系将蜜枣、莲子、桂圆肉、金橘饼，以及橘子、樱桃、梨等干果、水果分别酿入掏空的香瓜、西瓜之中烹制而成的。风味也非常独特，引人品尝。

顺带一提的是，“冬瓜盅”是一道名菜，在形上一般家庭是不易“如法炮制”的。但如果不将冬瓜皮进行雕刻，只将其全部原料简化一下，酿入瓜腹中，然后蒸制，一般家庭还是可以吃到自己动手做的“冬瓜盅”的。

（张泽峰）

招牌杀猪菜

我们这里如果在乡村开一家小饭店，叫作“农家乐”或“农家饭庄”，那就有一道菜必不可少，这道菜就是杀猪菜。

我在乡村工作时，腊月寒天，每逢有同事家杀年猪，便会主动邀请我们：“去我家吃杀猪菜!”其实这道菜的具体做法、主料大同小异，不过每家的味道还真是不同。我要说的是一种典型的做法，也是我最喜欢的口味。

先从配料说起。猪血子是必需的，有的地方又叫猪血旺。猪血子价廉物美，有“人体清洁工”“养血之玉”等美誉。甚至连杀猪菜整个这道菜，有人也通俗易懂地叫成烧猪血子。做杀猪菜，猪血子当然越新鲜越好，当天杀的猪，刚出锅的血子，还冒着热气，最好。猪血子也可以像豆腐块一样，用清水漂养几天，不见得坏，但这样的猪血子做的杀猪菜不鲜嫩。

第二个配料是腌咸菜。就是整颗大白菜腌制成的那种，我们这里又叫“把子菜”。“把子菜”是制作霉干菜的前身，现在，不需要晒干做霉干菜，直接捞出缸食用。以腌一个月左右为宜，咸淡适中，颜色金黄。时间太短，不入味；太久，则又坏了颜色。

五花肉是不可少的。这肉，太瘦了不行，太肥了也不行，必须是五花肉。一位厨师朋友向我介绍说，最好是“下五花肉”，就是猪腹部的那一块。这一块，我们这里还有一个比较乡土的说法，叫“奶酥”。小时候，经常听大人说：“割一块‘奶酥’，烧血子吃！”说的正是杀猪菜。“下五花肉”切成薄片，下油锅煎得黄而不焦，不油不腻，有一种奇特的肉香。

大油也不能少，就是荤油。猪的油分板油和水油两种，板油是从猪胸膛内揭下的大块的脂肪；水油是从猪肠子等猪下水上剥下的零碎的油，板油的品质自然好过水油。熬过油的油渣，也是杀猪菜不可缺少的配料，毫无疑问，板油的油渣好过水油的油渣。熬大油时，有两样作料不能忘，一是姜，二是葱，它们能让大油、油渣增色添香不少。

如果还要说点其他配料，那么干辣椒似乎也不可少，就是那种晒干的红红的朝天椒，像走过油锅的河虾一样。杀猪菜微辣最好，不辣，总觉得少了什么味；太辣，又盖过其他味，适得其反。更何况，这红红的干辣椒，也是色彩上的一种点缀，对于一道美味，色、香、味，一样都少不了。

做杀猪菜，总体上是“烩”的做法。各种配料的比例及刀功，影响着这道菜的口味。猪血子和五花肉可略多一点，腌咸菜和干辣椒要适中，油渣子不宜太多，大油呢，也不宜太多，多了则腻，以“伏得住”那些配料为宜。猪血子和五花肉的刀功不宜太豪放，前者以麻将块大小为宜，后者也是二指宽，越薄越好；腌咸菜长不盈寸为佳，太长则失之粗糙。诸多食材，以最适宜的大小、厚薄，以最恰当的搭配，炖到一定火候，同时入味，一揭锅，香气迎面扑来，喉管里像有许多小虫子在爬，痒痒的，忍不住咕噜响一声。杀猪菜做好，盛进瓷质的海碗，上面撒几根新鲜翠绿的香菜(芫荽)，那便是画龙点睛了，秀色可餐。不由人不想到：杀猪菜的极致，也不过如此啦！

我时常想，上等的厨艺，并不是炮龙烹凤，把山珍海味做出好味道，而是用普通的食材，做出不一般的美味。家常的杀猪菜，做得上水平，让人浅尝则口齿留香，夹一筷入口，打两个嘴巴也舍不得丢下。至于其中的精品，品尝一次，三年五载不能相忘，这才叫美味。

（张　正）

腊月的味道

腊月是有味道的，首先是美食流连的韵味深长，那种舌尖上的精彩与丰富，弥漫在空气中，充盈着生活的喜悦，洋溢着千家万户的幸福与满足。

记得小时候在老家，腊月时家家户户都有让人馋得直流口水的美食，把腊月时光烘托得令人神往，比如蒸煮的米糕、烧烤的羊肉、油炸的食物、煎炒的香肠……腊月的味道喷香可口，散发着生活的芬芳，尝上一口，美妙无穷，让生存的情趣荡漾起来，即使在物资匮乏的年代，那种味觉上的幸福感流淌起来，让我们满嘴流油，味蕾舒畅，吃得肚肠浑圆、喜气洋洋。

还可以品尝熏鱼，享用腊肉、腊鸡、腊鸭、腊鹅……那些腌制物高挂在阳台上，或者挂在阳光下的树梢上。日子便像怀了春一样欣然绽放，带着腊味中永不褪色的芳香记忆，就像永远忙碌的母亲腌制的鱼、肉弥散着淡淡的肉香味，那种腊月里的幸福似乎也在空气中荡漾起来，柔软中弥散芬芳。

腊月的味道是一种年俗风情，它以年的名义呈现出丰富的意味。腊月是一个盛开民俗的月份——民俗抵达千家万户，也穿越千山万水，将中国最珍贵的节气融合成生活的绮丽风光。比如赶制新衣、打扫阳尘、回乡探亲、祭祀先祖、爆竹迎春、喜贴春联……还有腊八吃奶奶包的素饺，喝母亲用文火精心熬制的八宝粥，那掺杂着五谷的喜悦是粥香怡心的亲情，让我们品味生活的红火、体会岁月燃烧的希望。

在腊月，我想象着一列一列火车的轰鸣声中，离乡人一步一步接近了梦中的家园；想象飞鸟归巢，野花在风中舞蹈；想象虚掩柴门里透出的火光。腊月是季节悠悠的步伐，也是情感堆积发酵的温床，更是故乡燃烧的希望，往事如烟，当除夕夜鞭炮齐鸣的时候，这是腊月辉煌诗意的高潮，让腊月的味道如鲜花般绽放。

腊月的味道是一种文化芬芳。“中国红”，那红彩绸的欣喜、红鞭炮的热闹、红灯笼的吉祥、红福字的安详、红春联的大吉大利……即使我们在霓虹闪烁的城市高楼里，我们的内心仍然体会着腊月尘烟中的安闲与喜庆，体悟到亲情远隔千山万水的珍贵与温暖。

腊月是故乡的味道，是一坛久泡香脆的盐白菜，是挂满房梁屋檐的猪腿、肥鹅、香肠、鲤鱼、红辣椒……腊月的往事融进我们的骨髓中，它的本质是欣喜快乐，召唤丰衣足食，渴望温暖春阳，无论在乡村，还是在城市，像一幅幅风俗画，热热闹闹，欢欢喜喜。

腊月的味道是醺醉中的沉醉，像坛香醇绵延的老酒，像北方的红肚兜里显出的热情，像热腾腾的粉蒸肉、回锅肉、血旺汤，像母亲坐在灶屋里的矮凳上不停地往灶膛里添燃的火光，映红了母亲的容颜，也映红了我们的腊月生活。

（鲍安顺）

深夜食堂的温情烟火

我深爱的“深夜食堂”，远没有电视剧里日式居酒屋那般安静优雅、故事满满，也未必真是只在午夜才会光顾的街头店面。夜色阑珊、情深兴浓之时，深夜食堂的烟火美味，便在那里静静等我……

深夜食堂的最初记忆，是儿时漫漫冬夜里的那个煤炉。一家人，或与串门的邻居，围炉烤一圈花生、红薯、南瓜子、馒头片，喷香热乎地闲吃占嘴，打发时光。后来，我家厨房便是我的深夜食堂。写作或加班至深夜，为自己煮一碗清汤挂面，或是妻为我蒸一碗香油醋拌鸡蛋羹，哪怕仅是扣在锅里单为我留的温热饭菜，也算是一种犒赏。夜静静的、胃暖暖的、情热热的……

而更多的时候，深夜食堂似乎与辛苦、孤寂更相配。

工作正忙的那段时光，常加班熬至午夜。当肚子开始咕咕乱叫时，停下手中的活儿，烧开水、泡一桶方便面，红烧牛肉、麻辣排骨……各种风味轮番上阵，再配上榨菜、火腿，一叉一叉填入胃里，连汤也喝个精光。虽谈不上健康，却也滋味十足。然后继续在满屋弥散的方便面味道中，在铺了满桌的文件堆里，盯着电脑，绞尽脑汁。

若结束得早，我也会寻一家二十四小时经营或尚未打烊的餐馆，喂饱我这只“加班狗”。拣临街的玻璃窗前坐下，要一份暖心暖胃的馄饨，来一个半荤半素的火烧，配一碟小咸菜，默默地一口一口吞下。偶尔望望窗外昏黄的街灯或零星驶过的汽车，是享受加班结束的释然，还是品尝孤独无奈的苦涩，也只有体验过的人才会懂得。

我曾为扩大朋友圈，在朋友、朋友的朋友的引荐之下，与素不相识的朋友，在深夜的饭店、酒吧有用无用地攀谈。然而，大抵饭后鲜有交集。其实，我更愿与一帮经过时间淘出来的朋友，聚在深夜街头的大排档，毛豆、花生、黄瓜，小龙虾、生蚝、扇贝，来上一桌；大蒜、韭菜、金针菇，羊肉、腰子、牛板筋，烤上一堆；或在街头歌手忘我的弹唱中，或在一旁诸多陌生食客的高声喧闹中，尽情地撸起来、嗨起来，开怀畅饮、谈天说地。

曾与同学小张光顾一家麻辣烫，就着面筋、海带、蟹排，聊聊他外出打工的不易、婚姻生活的坎坷；聊聊我工作转型的无奈、全力撑家的辛酸。

曾与朋友安姐光顾一家削面馆，小碗削面中加鸡蛋、肉丸、豆腐干，边吃边吐槽看不惯的世态炎凉，调侃不合群的另类个性，相视呵呵一笑。

曾与文友阿勇光顾一家烧饼店，一碗凉皮、两个烧饼夹熏肉，畅聊写作的点点滴滴、自得其乐。

曾与新友小朋光顾一家陕西肉夹馍店，一碗油泼面、一个肉夹馍，陪他在异乡品咂故乡的味道，排遣频频泛滥的乡愁。

还有谁？似乎能走进深夜食堂的食友，已屈指可数。渐渐明白，能一起在夜深人静之时，吃着吃着就话多，说着说着就笑了，笑着笑着却哭了的朋友，才是真正的朋友。

深夜食堂，真的是一个用美食拢住芸芸众生、道尽人生百味的所在，既诗意，又烟火。填饱的是肚子，更是人生；触动的是味蕾，更是心灵。

或许，每个人心中都有一个专属自己的深夜食堂。在闹市，在街巷，或喧嚷，或幽静，只要你愿意，总会在饥饿困顿、寂寞无助之时，找到足以果腹、消遣，安抚肠胃、疗愈身心的深夜食堂，并深深爱上，在钟爱的美食、暖心的氛围中，品味人间地道的“温情烟火”。

（白万伟）

第四篇

聚物夭美寻老饕

尝项上之一脔，嚼霜前之两螯。

烂樱珠之煎蜜，滃杏酪之蒸羔。

蛤半熟而含酒，蟹微生而带糟。

盖聚物之大美，以养吾之老饕。

大京果的情怀

传统手艺在凋敝，儿时的记忆被唤醒，滋生出留念和不舍。作为一名有农耕生活烙印的文字工作者，我关注更多的是传统手艺承载的历史文化基因和光阴对人的锻造，这些手艺是生活和艺术的截面，文明的碎末也在里面。

在刘集镇白羊村，看近七十岁的老先生满玉宝制作大京果，是一场视觉盛宴，也是一场精神慰藉。满师傅老两口因为年纪大了，也因为大京果销路不广，已经不常干这个体力和技术活儿了。我们提前做了预约，到的时候，前期费事的准备工作已经做好，包括挑选上等糯米、浸泡，将其用粉碎机打成粉、煮成芡汁等。繁复的准备是为保证大京果的最佳口感。

走进角角落落摆满花草的厢房，只见穿白围裙、戴白护袖的满师傅在案板上与一堆面粉较量着，揉、搓、拨、抖……那堆无组织、无纪律的糯米粉在老人的调教下一一归顺。老人拿起单边卷起像刀的铁皮工具，利索地将面划拉成几大块。这刀，老茶食店人叫糕刀。满师傅这把，从进店当学徒时就用，几十年时间，跟长在他身上一样灵便。划拉下的几大块，我用眼睛一数，不多不少，整十，匀称，准头儿让人惊叹。不由得屏气敛息，看满师傅施展七十二变。

大块的面垛用擀面杖擀成两指厚的长方形，厚薄均匀，这个过程叫擀条。用糕刀拉成三寸左右宽的面带子，这是拉条。拉过条的面带，两条一层，两层一摞，一刀下去刚好四根，糖果形，手指长，白白粉粉，暄软筋道，这就是大京果的雏形。

满师傅说，一会儿下油锅更可爱呢，个个跟蚕蛾子似的。说这话时，满师傅眼里溢出的喜爱之情特别感染人，我们好奇又耐心地等待见证奇迹的时刻。他用那把划拉切刮无所不能的糕刀，把那些方头方脑的“白胖子”往筛子里一搂，提起来转着圈传动，你挤我，我挤你，“白胖子”们渐渐圆滚滚了。

终于要进油锅了。两口两米左右的大锅坐在灶上，都盛了油，也早已烧好，左边的有六七十度，右边的有七八十度。能不能炸好大京果，油温是关键。

满师傅用大钢丝搭罩子(网眼漏勺)将满满的京果雏儿沉入左边锅里，没入油中，果子的颜色渐黄，很慢，不起气泡。放油里三四十秒，端上来冷却三四秒，重复数次。这是给大京果慢慢吹气的过程，要让它们慢慢炸制，避免一下子炸焦炸老。整个过程不是机械控制，一切全凭手感。没有想象中油烟四起的吵闹，安静得超乎想象。

满师傅埋头做事，很少说话，这些诀窍都是他老伴儿给我们讲的。左边的锅里炸个七八成熟，放到右边锅里养一养，直至整个大京果熟透，色泽灿亮。后面还要熬有点骨子的糖汁上浆、风干，最后才好销售。因为时间关系，我们没有等到全部程序完成，就算掐头去尾，也已经足够完美。我在朋友圈将满师傅制作大京果的图片一发出去，就有很多朋友求代购，大家都在追寻记忆里的芳香。

我吃着袋装的大京果，问满师傅，外面那层白花花的衣子是不是撒的面粉。满师傅说万万不能，那样煮出来的汤是糊的，不清爽。从前的大京果煮着吃是正道。满师傅说20世纪五六十年代，茶食店过年才做一百来斤糯米，大概有三百多斤大京果，人们要买，得凭条子。糖计划供应的年代，一块烧饼煮一把大京果，吃了定心，至高待遇。

满师傅老伴儿还说，那种焦糖色的京果，茶食店里叫大江，满师傅做的这种粉白色的大京果，叫小江。它们是一对“姊妹”，看个人喜好。这个闻所未闻。小江大京果煮的话，会全部成茸，其他京果怎么煮都有面疙瘩，小江尤其受七八十岁缺牙老人的喜爱。

一些美好早就存在，但由于人们认识上的缺漏，或者潮流关注角度不同，很长时间不为人知，成为遗珠，在时空里坐等慧眼。大京果承载了许多人甜蜜的回忆，在物质大丰富、选择大自由的今天，人们可能不再感兴趣于老手艺的成品，但这门手艺却依然能温暖人心，仔细闻闻，小时候吃的大京果，甜味还在呢。生气委屈哭得再声嘶力竭，若有大京果眼前一晃，立马止哭；隔壁小媳妇生娃，用大京果煮鸡蛋补养，看得人口水滴滴；过年拜年，收回的大京果要藏起来，长绿毛了都敢吃……这些记忆你有没有？

老实说，今天的大京果算不上好吃的东西，但它有一个人、几代人的记忆，里面有最朴素的岁月、最纯真的光阴、最简约的乡愁，不能任它落花流水。

将零散的旅游资源集合起来，推出一张有地方特色、叫得响的名片，是区域旅游推介可行的方向。满师傅行云流水般制作大京果的过程，是重回童年的媒介，吸引人们为精神需求买单，不失为老手艺再度生鲜的机会。

（王树贵）

温州酱油肉

伴随新春佳节来临的脚步声，温州城乡居民又在忙于晾晒酱油肉了。此时，不论在温州市区，还是在温州乡村，随处可见，在房子的窗户外，或是屋檐下，或是庭院中挂着一条又一条酱油肉。这给温州人过年带来了浓浓年味，也成了过年时温州城乡一道独特风景。

都说吃在温州，此话一点不假。就连置办年货，温州人对此也很考究，比如在肉食方面，千百年来，温州人就喜欢自己晾晒酱油肉。虽然现在超市中各种腊肉琳琅满目，但还是改变不了温州人过年晾晒酱油肉的风俗。

在温州人眼中，晾晒酱油肉不仅仅是简单的置办年货之事，更重要的是通过晾晒酱油肉沿袭当地过年的风俗，呈现温州城乡浓浓年味。作为一个地道的温州人，对此深有体会。

我出生于20世纪60年代初的温州农村，记得那时物质生活还不是那么富裕，但每到新年临近，父母亲还是想尽办法晾晒点酱油肉过年。改革开放之后，城乡物质生活不断改善，每逢过年父母晾晒酱油肉的热情也随之高涨。晾晒酱油肉不仅可满足于过年所需，还可将晒好的酱油肉保存起来，供家人吃上好几个月。

随着岁月的流逝，我不知不觉已年过半百，并且参加工作也有三十年。虽然早已离开农村居住在城镇，但过年晾晒酱油肉的温州风俗，早已从父母亲这一代传承到我这一代。尽管公务繁忙，但新年到来之前，我总要与夫人一起忙个半天来晒些酱油肉。虽然有些辛苦，但从中可好好体验晾晒酱油肉带来的过年乐趣，享受酱油肉带给人的幸福感。

温州人过年晾晒酱油肉历史悠久，有一套比较成熟的方法。当然，要做好酱油肉，首先要挑选优质的猪肉，温州人喜欢农家养的本地猪肉。这不，每当进入农历腊月，温州乡村便开始宰年猪，这些年猪大多是农家养的本地猪。此时，人们纷纷购买这些本地猪的腿肉，当然也有喜欢挑选五花肉(温州人称为“三层肉”)的，以此来晾晒酱油肉。

晾晒酱油肉宜选择晴朗天气，此时，将备好的一条又一条猪肉置于不锈钢盆或桶等容器中，然后将质量上好的酱油倒入上述这些容器中，直至酱油浸没猪肉。再加入少量白糖、黄酒、白酒(一般为农家烧酒)，以使酱油肉更加美味。酱油肉浸泡时间一般为半小时左右。浸泡过后，将一条又一条酱油肉分别用细绳穿好，再将细绳打一个结，然后挂在庭院中的竹竿上晾晒。待酱油肉在冬阳下晾晒三四天后，再用纸包起来移至屋檐下或窗外等通风之处，以便食用。当然，也可将晾晒过的酱油肉贮存在冰柜或冰箱之中，随时取来食用。

温州酱油肉香气四溢，肉棕红色，其食法五花八门，既可单独入馔，也可与荤素料烹调。常用的烹制方法有炒、烧、蒸、煮、炖、煨等，可以制成冷盘、热炒等，如冬笋炒酱油肉、酱油肉烧白菜、菜薹炒酱油肉等，皆为百啖不厌的温州家常美味。温州人喜欢用酱油肉炒年糕，炒成的年糕风味诱人；也喜欢用酱油肉炒芥菜饭，那炒成的芥菜饭味美可口。酱油肉最方便的食法，就是将其放在电饭煲或蒸笼中蒸熟食用。

在家里，我就喜欢吃这蒸熟的酱油肉，用它来佐酒，别有味道；用它来佐餐，饭量大增。在温州人过年的分岁酒上，酱油肉往往为必备的佳肴，常作为冷盘点缀。除夕吃分岁酒时，为烘托过年气氛，温州人喜欢将酱油肉切成片盛在红色高脚碗中，然后摆在红色的八仙桌上，以图个红红火火，讨个好彩头。

温州人善于经商，其足迹遍布世界各地。我们温州人有一特点，不论身处何方，总是眷恋家乡的风物，总是喜欢吃温州菜。走进温州人在天南海北开设的餐馆中，总能看到温州菜的影子，这其中就有温州酱油肉。

我出差去过国内许多城市，总能在温州人开设的餐馆中品尝到温州酱油肉。我也去过海外，在温州老乡经营的餐馆中，也能吃到温州酱油肉。难怪侨居海外的温州侨胞视温州酱油肉为思乡肉！如今，一些在大江南北经商的温州人，或旅居海外的温州人，将温州酱油肉的晾晒方法带到天南海北、世界各地，每逢新春佳节，就在所居之地晾晒酱油肉，以解乡愁。

晾晒酱油肉——温州人过年的独特符号，带给人们的是抹不去的过年记忆。

（缪士毅）

小刀面，再难寻

老家镇上的小刀面乃本地有名的风味小吃，少年时候，我和奶奶经常去吃。最爱光顾的一家面摊在马路边，老板是一对年近六旬的夫妻，老板姓藕，原先在老街开店，辛辛苦苦做了几十年，后来响应政府号召，来到了新街发展。

所谓小刀面，顾名思义，是用小刀切出来的。普普通通的小刀面是件手艺活儿，讲究得很。好的小刀面粗细得当，有一定的弯曲度和韧性，具有一种特别的诱惑力，这哪是那些死板的毫无手工之美感的机制面条所能比得了的。

无论和面、刀工，还是煮面、配料，都能考验小刀面师傅的技艺。师傅握一把小刀面，丢进汤锅里过一下，捞起来的面条是熟而不烂、根根分明，还散发出半透明的浅黄色质感，让人见了便有食欲。师傅将面条倒进放有少许油盐的海碗里，浇入清汤，撒上小葱，亲手赋予了海碗灵魂。与浓郁的红烧牛肉面、鲜辣的青椒肉丝面、咸香的北京炸酱面比起来，这小刀面算是清淡的了，但尝起来却是别有一番风味，让人难以忘怀：滑，面条毫无阻碍地滑过双唇，滑进嘴里；嫩，似乎一碰到牙齿面条便自行断裂了，爽口之至；鲜，麦子的原味被清汤逼了出来，它与油盐味、葱香味交织在一起，简练却不简单，真是鲜美无比……

奶奶信佛，荤吃得少，就喜欢这面条。那些年我们常常坐三轮车去镇上买菜，买完菜就在这店里好好地吃上一顿，那时的日子恬淡、自在。

小刀面是家乡的传统小吃，揉面、擀面、切面全部手工操作。面汤中也要配以多种作料，多用大骨或地产土鸡文火熬制而成。

讲究一些的，比如虾籽小刀面，只能选用长江流域的青虾籽作为材料；面条也要用质量上乘的面粉压制三次，就连撒在面上的葱花，也必须用细小的香葱末，绝对不能用大葱、蒜或金葱代替。这样的面具有香、鲜、筋道等特点，味道绵润悠长，营养价值极高。

而今的生活节奏越来越快，很多店铺都图省事，用机器压制面条，筋道不够就往里加淀粉，如此做来，招牌上竟也宣称是“小刀面”。至于烧煮过程呢，也基本省略了慢火熬汤这一步，基本硬靠味精、鸡精来提鲜。所以那些我所不熟悉的街角面店，往往令我退避三舍。

许久未吃小刀面了，前日专程驱车前往藕师傅那里打牙祭，却发现门面早已改成了童装店。一打听才知，原来藕师傅去邻市照顾外孙去了。

可惜了这碗面，我再难寻。

（吴　辰）

保定驴肉火烧

俗话说：天上龙肉，地上驴肉。这龙肉，想必是万难吃到。好在新近结识了河北保定徐水的一位好友，领我吃了顿正宗的漕河驴肉火烧，尝到了那堪与龙肉争锋的美味驴肉，真叫人回味无穷。

挑最负盛名的闫家驴肉火烧街头小店落座。还没坐稳，朋友就朝着柜台处大嗓门喊道："驴肉火烧，小米粥！"出于好奇，我便示意朋友，起身径直走到柜台前看着师傅一阵忙活。但见师傅抄起铁夹，伸进烧得旺旺的炉膛，麻利取出两个外皮被烤得焦黄的火烧。啪的一声，拍在案板上。再看那案板，哪是板呀，就是一段原木菜墩，足有半个水桶高，日积月累，中间已形成一碗口大的凹坑，漏斗一般；一把雪亮的大刀插进菜墩边沿，很有架势。

就在我细瞅菜墩之时，师傅已熟练地拿起一把铜勺，向旁边小火煨着的铁锅里一舀，一块酱褐色的驴肉便置于案头。接着拔出大刀，切下一块肥瘦相间的驴肉；两手分别按在刀背两端，还未看清是剁还是碾，那驴肉已成细碎末；紧跟着一勺肉汤浇上去，顿时油光闪闪，肉香扑鼻。

"要尖椒不?"陶醉中听得这浓重的徐水口音，我一时反应迟钝，只应声点了点头。但见一个翠绿鲜灵的尖椒被飞快切成丝、剁成末，与驴肉相混又是几刀下去；酱红中夹杂鲜绿，异常惹眼。继而，师傅抄起大刀，向左手摁住的火烧侧面一划，只觉小股热气直冲出来，圆圆的火烧瞬时被划成了鸭子嘴。接着用左手拇指、中指夹住火烧，捏作漏斗状，右手麻利地用刀尖盛起驴肉馅料塞入其中，直塞得火烧鼓鼓，边口滴油；用纸一夹装入小筐。接着又是一个。

接过师傅递上的小筐，兴奋地转身回座。只见餐桌上已摆上了大碗的小米粥，还有大大小小几碟小咸菜儿、小凉菜儿。小米粥，黄嫩稠糯，清香飘忽；一碟腌萝卜丝，淡黄透亮，清爽脆生；一碟腌青辣椒，青中透黄，煞是可爱；一碟芹菜花生米，翠绿中夹杂胡萝卜的橙黄、花生米的暗红，色调明快；一碟凉拌海带丝，丝丝青翠中夹杂葱白、葱绿，十分惹眼。细瞅下来，不由得一阵咋舌，食欲大增。

开吃。咬下一口火烧，外脆里嫩，香酥可口。夹于其间的正宗漕河卤制驴肉，肉质松软、口感细嫩。再加上那爽脆鲜辣的尖椒，更显风味独特，吃在嘴里满口留香、嚼劲十足。受其诱惑，不由得失态，猛啃几口，直吃得腮帮胀鼓，嘴角流油。朋友在一旁，冲我直笑；我只能闭着嘴，强作满意赞赏的表情。朋友旁边一指，示意我喝口小米粥。我低头将嘴贴着碗沿，转了半圈，才喝了一口烫烫的米粥；慢慢咽下，直烫到肠胃。过瘾！再举筷吃上几口有着三百年历史的保定槐茂酱菜。真是堪称绝配！

待我兴致渐淡，朋友便如数家珍般地边吃边介绍起来。这驴肉火烧在保定历史悠久，品牌众多，尤以徐水漕河最为正宗。驴肉可补铁、补血，脂肪含量低，非常适合喜欢吃肉又想减肥的人群食用。

2010年，这有着“中式三明治”美誉的保定驴肉火烧，作为保定名菜、冀菜代表，走进上海世博会，以飨世界各地游客。作为曾饱尝驴肉火烧之美味的保定人，我心中涌起一阵自豪与骄傲。

（李红霞）

晋中碗坨儿

碗坨儿是家乡晋中的一种风味小吃，由清光绪年间城南堡厨师董宣首创，距今已有100多年的历史。光绪二十六年(1900年)，慈禧太后西逃西安途经平遥时，品尝这种美食后赞不绝口，当场重赏。于是，碗坨儿名声大振，成为一种地方名吃。

蒸碗坨儿的面是用荞麦磨成的。头一遍磨出来的面又白又精，是上等好面，俗称头道面。用头道面蒸出来的碗坨儿洁白如玉、柔软似锦。碗坨儿的加工制作过程很讲技巧，先用温水把面搅成糊状，过滤去渣，稠度以挂勺为宜。而后将粉糊盛入碗内入笼蒸15分钟左右，急火蒸熟后晾凉，从碗中脱出，其色浅灰，故名碗坨儿。

面糊的稀稠及火候的大小必须掌握好，这样蒸出来的碗坨儿才清爽细嫩，口感好。如果蒸到半熟时，将五味俱全的细碎猪肉铺到碗坨儿上面，蒸熟，晾凉，再放入冰箱冷藏片刻，即成鲜肉碗坨儿。

吃碗坨儿蘸汤汁是很有讲究的，汤汁由大蒜泥、干姜粉，胡麻油、凉白开、陈醋、盐等调料配制而成，这也是一个技术活儿。配制时，各种调料比例要适中，味道不咸、不浓、不酸、不辣，各种滋味似有似无，清淡幽香，回味无穷，吃起来美味无比。

碗坨儿在晋中小吃摊上有蹲点卖的，也有街头巷尾挑着担子流动卖的。一些雅士淑女注意形象、讲究面子，往往不好意思在大庭广众的街上吃，就买几个碗坨儿提回家慢慢地享受或招待亲朋好友。

不喜欢吃凉的碗坨儿的还可以炒着吃。热炒是将炒锅内加入熟猪油及葱蒜后，将切成条状的碗坨儿倒入，加山药蛋丝或豆芽菜，再加大料水、酱油、醋等调味品，炒熟后香味四溢，诱人馋涎欲滴。热的炒碗坨儿又是一番独特的风味。生活中，比较随意的人不管在哪里碰见了卖碗坨儿的，就会在摊前一蹲，吆喝一声“来一个碗坨儿”。于是，卖碗坨儿的伙计就会在笸箩里的干净白纱布底下取出一个晶莹光滑、软软溜溜的碗坨儿，“噗”的一声扣在碗里，用小刀麻利地横打竖切成方形或菱形，然后再舀一勺蘸汤浇上，同时还会用热情的语调问一声：“要不要辣子？”卖碗坨儿的伙计就会根据食客的要求添加调料。

舌尖上的美味小吃——碗坨儿，确实深受当地老百姓的喜爱。有人说，碗坨儿能让人吃出瘾，天天想吃。

味美价廉、食用方便的碗坨儿，既是本地人喜爱的小吃，也是招待客人的佳肴。在晋中宾馆、饭店的精美凉菜中，就少不了碗坨儿，特别是外乡客人，常会点一盘碗坨儿吃。

有一次，我回晋中老家探亲。回来的时候给朋友带了晋中有名的特产——平遥牛肉和太谷饼。见面后，朋友直言不讳地说道：“带这些东西干啥？在咱们这里的超市都能买到，你还不如给我带几个碗坨儿来，让我也能解解馋。”至此，我才知晓，碗坨儿才是朋友最爱的美食。

碗坨儿用荞麦面做成。随着生活水平的提高，现代人更讲究膳食保健了，荞麦面性寒，有清热润燥，凉血降压之功效，低脂低糖，且富含矿物质、维生素。碗坨儿不仅是一种地方风味小吃，而且是一种含多种维生素的养生保健食品。这等健身减肥的佳品，谁不喜欢呢？

（王　瑛）

老福州鸭面，老饕休错过

福州著名民俗学家萨伯森有诗云：“邻居巧制象生花，阿焕独将鸭面夸。寄语老饕休错过，二桥亭畔第三家。”

在福州市鼓楼区仓前街与通湖路之间，曾经有一座苍老古朴的木构风雨桥，叫作二桥亭，桥两旁遒劲的古树和桥下潺潺的流水交相辉映，依稀可见老福州的风韵。

桥头第三家有一个卖鸭面的小店，招牌是并不显眼的小牌子，上用朱砂写了“阿焕鸭面”四字挂在店前，人称阿焕鸭面店，也叫作“二桥亭鸭面店”。老板叫林阿焕，他每天杀十几只鸭子，用鸭汤泡面，并用最上等的鱼露(也叫虾油，由海产小杂鱼酿造而成，味咸鲜，是具有福州特色的一种调料)。其制作的鸭肉、鸭肠、鸭肝和鸭胗十分美味，胜过酒家很多。

林阿焕少年时，家中全靠父母制作绒绢花谋生，因为家里贫寒，林阿焕未能上学读书识字，10来岁时，为了谋生，他来到福州一家点心店做学徒，手艺学成后便在店里做伙计。他做了一段时间后，觉得总是这样赚不了什么钱，于是辞去了工作，向亲戚朋友借了一些本钱，叫木匠做了一副卖鸭面的挑担。从此，他每年到农家收购上等幼鸭，由父母在家养几个月后，自行宰杀加工。面条也是他自己手工打的，条条粗细均匀，干湿适度，吃起来口感软润。

他上午在家里备好料，下午便挑担上街叫卖，“阿——焕——鸭——面——”飘荡在老福州的大街小巷里。他的鸭面料真、工细、味美、价廉。他为人和气，又能体贴顾客，顾客要加点鱼露、醋、汤，他都有求必应，所以回头客很多，生意做得红红火火。好口碑慢慢传开了，最后成为福州百姓的一种生活习惯，到点了，听不到“阿——焕——鸭——面——”，依姆、依爸们便感到有些惆怅失落。

1887 年，随着本钱的积累，林阿焕便在二桥亭畔开了一家小店。店的门面不大，设施简陋，只摆了几张普通的八仙桌和一些骨牌椅。

店里主要卖鸭面，兼售上排和芝麻龙肠(鸭肠)。顾客上门要一碗鸭面，另加上排一片、龙肠一碟，不但花费不多，且美味可口，可谓价廉物美，所以小店的生意十分兴隆。因为该店的鸭是自养的鸭，面是自打的面，因此鸭肉特别肥嫩，鸭面的味道也与众不同。

鸭面的口味主要取决于汤。林阿焕的清汤是用肥鸭和上排文火熬制而成的。熬多少清汤，便配多少碗面条，保证原汁原味，绝不过多掺水，汤好味清，加上最上等的鱼露，所以鸭肉面味道实在太鲜美可口了，风味独特，吃一次便令人难忘，总想再吃。林阿焕把熬汤后的鸭肉和上排等调配上鱼露、蒜末、香油等制成小菜，也别有风味，其他如鸭肝、鸭胗，特别是芝麻龙肠，又脆又嫩，更受客人喜爱。口口相传，回头客带来许多慕名而来的新食客。

林阿焕的经营还有一个特点，当顾客吃了一碗还想再吃时，他都会婉言谢绝。因为，一来要留下来卖给尚未光临的老主顾，以免失礼于他们；二来这也是他经营的窍门，他知道少吃多味，任何美味吃腻了，味道再好也不过如此（这在经济学上叫作边际效应递减）。所以当你刚尝出味时，他就不让你再吃了，此时，你对“二桥亭鸭面”便会留下深深的眷恋之情和深深的回味，欲罢不能，自然就成为常客了。

如今，随着时间的推移，“二桥亭鸭面店”也消失了，这一具有独特风味美食的消失，让不少老福州人感到不尽的失落和惆怅。

（赖　晨）

老双城堡的酸茶与酸辣碗坨

老双城堡的小吃非常有名。因这里自古以来就是汉、满、锡伯、回、朝杂居之地，所以，小吃也颇具民族特色。

老双城堡有关帝庙，俗称老爷庙。庙头是各种小吃经营者聚集的场所，也是最热闹的地方。老双城堡最具特色的小吃当属酸茶。酸茶不但在庙头摆担子，还走街串巷叫卖："'甜'酸茶！大碗热乎的！"暑天里，吆喝声带着水音儿、带着甜味儿，像一股清风，像一阵雨丝，使燥热的空气顿时显得凉爽了许多。

幼时的我便会向母亲要几分零钱，跑去追上那蜂腰形的木桶，迫不及待地将钱递过去。卖酸茶的老头儿便麻利地取出带蓝边儿的粗瓷大碗，提起木勺，满满地为你盛上一碗油汪汪、黄亮亮、冒着热气儿的酸茶。有时，卖酸茶的老头儿见你喝得舔嘴抹舌，会笑着再给你搭上一勺儿："这小子！嘴真壮！"说来也怪，酸茶是热的，可喝进肚子后，却会感到全身从里往外透着凉快！要不怎么叫消暑败火的"甜"酸茶呢！

酸茶是双城堡独有的风味小吃。早年，这儿就有一位因卖酸茶发家的名人，绰号就叫刘酸茶，他所住的那条小街就叫刘酸茶胡同，至今沿用不改。

说到酸茶的历史，这里流传着一个故事——早年双城的女真族(满族的先祖)有一个老人，持家十分节俭。有一年夏天，家中剩了半盆已经变馊的小米饭，儿孙们要倒掉，老人舍不得，让儿媳妇放锅里熬一熬，结果加水一熬，竟甜香四溢。这便是酸茶的由来。

酸辣碗坨也是老双城堡有名的小吃。早年，庙头一带，卖酸辣碗坨的担子很多，叫卖声此起彼伏，相互比着卖。酸辣碗坨的做法很讲究，将荞麦面、绿豆粉与适量的五香面、花椒面掺合在一起，和成糊状下锅熬制，待勺子立于面糊中不倒时，再制成一个个圆饼状的碗坨倒在盆中晾凉。

吃时，卖碗坨的师傅先在手掌心上放一块白羊肚手巾，将碗坨放在手巾上，然后用小刀切成细条放在大海碗中，浇上老醋、辣椒、蒜泥、香油，搅拌均匀即可食用。入口，酸辣鲜香，润滑筋道，清凉爽口，它既有营养，又便宜实惠，是名副其实的大众小吃。

我小时候，父亲经常带我去庙头吃酸辣碗坨，多半是买一个碗坨，父亲在一旁看着我吃。见我吃得小脸儿通红，鼻子尖儿冒汗，嘴角沾着红亮的辣椒油，父亲比自个儿吃到嘴里还高兴呢。

(徐双山)

生煎里的上海风情

皮酥、汁鲜、馅大、底脆香的生煎馒头，是上海人心中的头号经典美食。一两生煎加上一碗牛肉粉丝汤或一碗小馄饨，就是最具上海风情的早餐标配。

在上海种类繁多的点心中，生煎馒头绝对是排名第一的。所以每次我来到上海旅游，总忘不了品尝热气腾腾刚出锅的生煎馒头。上海是一个格调超级复杂的地方，而生煎馒头也可以说是这个城市的一种表情，它是跟着漫天遍野的吃客们一路飘香开的，谁都会从肠胃里发出感慨：大上海，原来就是一座生煎馒头的城市！每天在顶级写字楼里上上下下的白领、粉领，都可以告诉你最好吃的生煎摊头在哪一个弄堂口。

生煎馒头对于上海人来说，有种无法抵抗的诱惑。从老字号的大壶春到后起之秀小杨生煎，再到遍地开花的丰裕生煎，以及很多隐没在大街小巷的生煎摊，只要有生煎锅支着的地方，就有等候生煎出锅的蔚为壮观的队伍，而极有可能这其中某个人是家大公司的老板！不管你口袋满还是瘪，无论你西装笔挺还是一身休闲打扮，在生煎馒头面前人人平等。上海人等情人超过五分钟就要发牢骚了，但等生煎馒头就没问题。

来到名店“大壶春”，只见牌子上写着：“刚出锅的生煎，十分烫嘴！在吃生煎时，分三口最佳：一口咬，咬一小口；二口吸，吸出汤汁；三口嚼，嚼来好滋味。”门口的生煎大锅旁边，大厨把薄薄的面皮裹着大小适中的肉馅，轻巧地捏合起来，下面垫上一层黑白芝麻，下锅后底部煎得金黄，再撒上一层翠绿的葱花和黑芝麻。随着超大煎锅的转动，生煎馒头的香味就飘开了。

生煎的特点是一咬一包汤，所以吃生煎时一定要小心，千万急不得。若是你一大口咬下去，里面的汤汁会喷得自己与旁人一身挂满。只需轻轻咬开，便可以看到里面满满当当的汁水，用力一吸，鲜美的汤汁便顺势而出，满嘴的香味更是在口中久久不肯散去。

早在中华民国时期，生煎便已经成为上海的著名美食，不管是普通大众还是名流名媛，对生煎可谓是一日不可离。就连张爱玲，当年也是生煎的绝对粉丝。胡兰成在《今生今世》中回忆道：“她处理事情有她的条理，亦且不受欺侮。一次路遇瘪三抢她的手提包，争夺了好一回没有被夺去，又一次瘪三抢她手里的生煎馒头，一半落地，一半她仍拿了回来。”

如今走进最具上海情调的田子坊街区，石库门店面的小杨生煎那绿色的墙壁与生煎上的翠绿葱花相得益彰，老式的灯具、实木的椅子、舒缓的周璇老歌，配着吃生煎时发出的啧啧声，显得无比的怀旧与市井。难怪在提及最能代表老上海味道的美食时，资深的吃货一定会把“皇冠”戴给生煎馒头。

（陈　慰）

海伦有家马肉馆

小城海伦有家马肉馆，很火。几个“退字号”的朋友曾三番五次地向我介绍，说那个小馆，特别是中午，你若不事先订桌是吃不上的。还特别强调，那家小馆有三道菜非吃不可。一是片腱子；二是土豆炖马肉；三是辣子炒板肠。尤其是第三道菜，是小馆的特色、主打、金牌菜，也是拿手菜。许多人都是奔这道菜去的，主食马肉葱花馅蒸饺，也是蛮不错的，也比较受欢迎。

他们说的即使我半信半疑，也使我直咽口水。因为从小到大，我还尚未吃过马肉。也许，人对美味的向往是架不住撺掇和诱惑的，我决定去这家小馆大快朵颐，感受一下马肉的独特魅力。

于是，第二天便邀了几位向我推介的老友，并预先订了桌，中午我们准时来到了小馆。

小馆面积不大，一楼仅放了四张圆桌，已经坐满了人。二楼也仅有两个包间，但整洁、利落，可谓窗明几净，环境很是不错，挺招人的。服务员很热情地把我们让进预定的包间，沏茶倒水并让我们点菜。于是，在几位友人的指点下，我点了那必吃的几道菜，又配了几样马肉做的其他菜肴。

十几分钟后，菜一道道陆续上来，果然香味四溢，使人垂涎欲滴。片腱子，烀得软硬适度，肉片得亦薄厚适宜，让人吃着有嚼头，却不塞牙，蘸上调料，送到嘴里，非常爽口。土豆炖马肉，土豆与马肉都是切成骰子块大小，炖得极有特点，土豆炖得烂而不泥，马肉烂而不碎，夹入口中，欲化不化，味道极佳。辣子炒板肠，服务员端上来就让我大吃一惊，红红的干碎辣子，像星星一样与拇指大小的褐黄色的板肠段交织在一起，香气袅袅，氤氲着沁人肺腑，不用说吃，闻一下，我都醉了。

友人说："咋样？香得你都不知说什么好了吧！"

这道菜，果然名不虚传，连着吃了几口，我连连说好。这一餐，我吃得大汗淋漓，周身通透。

酒过三巡，又吃了两个马肉葱花蒸饺，更觉舒服惬意。这顿马肉菜饭似乎是我从未吃过的美食，此刻，说我是"饕餮"，一点都不为过，尤其是"辣子炒板肠"，我是彻底折服了。

饭后，喝茶之际，这时吃饭的客人也都走了，只剩下我们这几位，灶房也停止了熘炒。我们便与上茶的一个四十岁左右的女服务员唠了起来。她与丈夫是从乡下来的，丈夫是老板也是上灶的师傅，她是服务员也是收银员，开的是夫妻店，来城里已经半年多了。

正说着，老板兼厨师从后厨过来，也是四十几岁的样子，很朴实，也很洒脱，很诚恳地征求我们对饭菜的意见。

借这个机会，我们问他："你开的马肉馆为什么这么火？"他告诉我们，最重要的就是讲信誉、讲质量、讲服务，客人永远是第一位的，客人认可，小店才能兴旺、红火。至于那几道主打菜，既不是什么金牌特色，也不是什么精馔佳肴，只不过根据马肉的特点精工细作罢了。他说："我主要说说辣子炒板肠吧。这道菜，主料自然是马板肠，辅料最好是干红碎辣椒(青椒也可以)。板肠首先要烀成七八分熟，烀时要适当加点调料，炒时要注意猛火、温火结合好，注意做到辣子的清香味与板肠的草香味互相浸润，互相契合。椒与肠特点互补，达到香而不土，辣而不重，口感不腻，才能让客人得到这道菜的特殊享受。”

有句谚语说，宁舍爹和娘，不舍马板肠。这句话虽然对父母有些大不敬，但也说明了人们对马板肠的认可和喜爱。

小老板很健谈，他还告诉我们，马是草食动物，其肉无脂肪，是瘦肉，味道纯正，而马板肠更是不可多得的好食材，与驴板肠并称“驴马烂”。他还告诉我们，他的食用马都是从内蒙古呼伦贝尔大草原购来的，纯天然、绿色，你们可以放心地吃，对人特别是对老年人养生、保健非常有益，欢迎老爷子们常来。

小老板很会做买卖，一席话说得我们心里热乎乎的，既赞同又佩服。临走，我们赠他一首诗：小城有家马肉馆，物美价廉惹人爱。一饱口福哪里去，解馋就到这里来。

（李秋晨）

老谢集盐水蹄

俗话说，大道至简，我以为，美味也应至简：常见的食材，简易的做法，端得上寻常百姓餐桌的，才是美味中的上品。而老谢集盐水蹄，正属于至简的美味。这个仪征中后山区苏皖交界处的小集镇，有许多可圈可点的美味，比如“臭名远扬”的谢集臭干、香飘十里的土灶大锅烧老鹅、登月湖鱼头汤……喜欢肉食如我者，如数家珍时，必定不会落下盐水蹄。

这道菜，是许多老谢集人共同的美好记忆。其首创，据说源于“混搭”，是歪打正着的结果。改革开放初期，老谢集周边砂石矿生产繁忙，为保护自然生态环境，砂石矿关停后，民营企业又雨后春笋般发展起来，绿杨春茶乡、雨花石之乡、水果之乡等先后鹊起，小集镇上餐饮业一直红红火火，出名的大小饭店有好多家，酒香、肉香不断。早期的饭店，厨房操作间没有那么多大锅大灶，制作盐水鹅、盐水鸡、盐水鸭、盐水鸽、盐水猪肚时，常常放在一锅老卤里烀，猪蹄髈便有幸位列其中。火候到了，又出锅，一尝，味道呱呱叫，大受食客欢迎，渐渐地，老谢集又多了一道名菜：盐水蹄。

猪蹄髈，又称蹄盘，不带猪爪，不带猪大腿，是中间小腿那部分。最好的蹄盘，是出自本地农户饲养的黑土猪。一个小集镇，大家低头不见抬头见，杀猪的个个脸熟，熟人熟事，当然不会用杂交猪、饲料猪、垃圾猪的蹄盘来忽悠老主顾。哄得了眼睛，欺骗不了嘴，一入口即知道真假。做盐水蹄，只用猪前蹄，不用猪后蹄，有讲究。后蹄肥肉多，瘦肉也多，却少了前蹄的腱子肉，口感没有那个咬劲。生意最红火的时日，光王定江一家，每天能走十几只盐水蹄。集镇农贸市场上猪蹄盘不够用，他专门赶到邻近的安徽天长去订货、拿货。许多城里的客人吃了这道菜，都赞不绝口，甚至回去后馋瘾犯了，就打电话请饭店送货上门。

制作盐水蹄虽说后来越来越专业，但程序还是比较简单。精选好的猪蹄髈，下锅焯水，镊尽毛，用冷水冲洗干净，加作料汁腌渍四十分钟左右，再放进烧开的老卤，先大火煮，后小火焖，直至肉熟，用竹筷能戳得进。王定江介绍，作料中最重要的是老葱和姜，加上八角等，拍碎，出汁，放入盐和料酒，汁没过肉。一次次兑水重复使用的老卤也很重要，冰箱尚未普及的年月，新卤压陈卤，即使不用，当天也要把老卤烧滚锅一次，防止变质。出锅的盐水蹄，热切还是冷切，口味明显不一样，口味重、喜欢油腻的，热切，油滑细嫩；冷切，肉板、有型，有嚼劲，肥而不腻。不管热切还是冷切，肉上撒一层厚厚的蒜泥不可少，盘底舀一层老卤也很有必要，蘸了蒜泥和老卤吃，那才叫有味。

这道菜，不着任何色，白是白，红是红，淡雅清爽，素面朝天，原色却不是原味，味道很是独特，看着喉管就开始蠕动，吃了很杀馋。盐水蹄还有一道附产品，即老卤下面条，广受欢迎。老谢集资深食客，进饭店差不多都点这道主食，一大碗面条端到面前，呼啦两声，没了，真香啊！

王定江年轻时在南京学厨艺、打拼，回老谢集开了二十多年饭店，先后承包过多家单位食堂，现在已过知天命的年龄，不再以烹饪为主业，但对自己拿手的几道菜仍兴趣不减，时常技痒难耐，便呼朋引伴，展示一番。正月里，应邀去他家品尝盐水蹄，他一次次跟我们打招呼：

“时间急了，蹄盘没买好，白毛猪的……过去要烀一两个小时才熟，这种肉，半个多小时就出锅了，口感差许多！”

“没老卤，这卤还是跟人家借的……”

可我觉得，我已经吃出老谢集盐水蹄的好味道了。

（王树贵）

扬州菜的热闹

客居江南多年，我早已适应了江南菜肴清淡鲜嫩、香甜爽口的脾性。江南人做菜，很少将诸多食材混搭在一起炒、炖、焖、煨，往往一种食材就是一道菜。

一盘炒青菜上桌，尽闻蔬菜的本色清香；吃河虾，只简简单单在滚水里焯一下，放点佐料即可，尽量保持虾的鲜味。这样的菜品特点，一如江南人的个性，温和、斯文、内敛、精明，透出些许的寂寞清寡，对于我这个从小吃扬州菜长大的人来说，总觉得少了点滋味，不热闹，不下饭。

扬州地处运河和长江的交汇区域，长期以来为南北交通的要冲，形成了扬州人热情豪爽而又包容细致的性格特征。一方风土人情孕育一方美味佳肴，扬州菜，作为全国四大菜系之一淮扬菜的代表，注重食材荤素搭配得当的热闹劲儿，烘托出咸中微甜的香醇口味，南北咸宜。

扬州人把肉圆叫作狮子头或斩肉，有清蒸蟹粉狮子头、河蚌烧狮子头、风鸡烧狮子头等多种做法，狮子头里还要放荸荠、竹笋、虾仁、鸡蛋等配料。并衬上青菜、大白菜、菠菜等时蔬，蔬菜因浸渍肉汁，凸显油亮可口，肉圆因蔬菜加入，变得肥而不腻，共同为人们带来一场醇厚鲜美的饕餮体验。

扬州菜有关豆腐的做法，别具匠心。比如将嫩豆腐融入配料、作料中炖煮，幻化成一道吃不出豆腐味，嫩滑咸甜、回味无穷的美食。这其中，我尤为推崇蟖马拉豆腐。豆腐呈腐乳状，上面蒙着一层色若琥珀的素油，看似无热气，其实内里却是炙热滚烫的，吃时最好以勺为具，用嘴将豆腐慢慢吹凉再品尝。在入口即化的豆腐中，有香菇的滑腻、竹笋的清脆、菠菜的嫩鲜、蒜叶的香醇，让你根本停不下来，直到吃个底朝天。

烧杂烩是扬州寻常人家的“大菜”。在热气腾腾的汤水中，肉皮、鱼圆、肉圆、虾圆、鹌鹑蛋、木耳、青菜头等，喧闹欢腾地汇聚一堂，形成的色香味，令人食指大动，此时只消来碗白米饭，人生便再无遗憾。

扬州菜的热闹，绝不限于菜本身，更有与之不可分割的扬州人的真性情。一般地方的人聚餐，调节气氛主要靠喝酒。扬州人即使不喝酒，也能调动活跃聚餐氛围，比如耳边时刻萦绕着叽叽呱呱的扬州话，一下子就能拉近人们的心理距离。扬州人特别喜欢夹菜，你夹给我，我再回夹给你，贯穿凉菜、热菜、点心、水果等整个过程。如果全场嗨起来，也许公筷都不知去向，索性就用自己的筷子给别人夹菜，直接抵达“你中有我，我中有你”的状态。

离开扬州常年在外打拼的游子，回到家，有无处不在的亲情呵护，全身立刻松弛下来，再吃上一口家乡菜，即可抚慰心中的乡愁。“这个大煮干丝味道不错，给你夹一些。”“韭菜炒鳝丝，你还没动筷子，来来来。”根本不需要自己夹菜，你的饭碗里好像始终堆满了各种可口的菜。正当你奋力消除“菜山”，表示吃得很饱时，亲人们却常常用遗憾而夸张的口吻说，你没吃什么菜啊！

常常，家中的长辈也会亲自下厨，做几道拿手的扬州菜，香喷喷的，端至你面前，并慈爱地看着你吃。若你想邀长辈一起吃，他们往往推辞说，你吃你吃，全部吃掉，比我吃什么都开心！

难以割舍扬州菜的那份热闹劲儿，菜里不仅蕴含了扬州人对美食的理解，而且散发出故乡的人情味和烟火气。

（胡海波）

杭州“咬不得”

下午到杭州，来不及去西湖，就到了宾馆附近的街上逛逛。一路从河坊街逛出来，刚走到高银街，一不留神，就被街面上一家“咬不得”的店面吸引了。打量这名字，一边感觉奇怪，想着有什么东西咬不得？一边在店铺门外，对名字琢磨了好久，就以为“咬不得”中的“咬”字，是个行为动词，当然与吃有关。

商家用“咬不得”取店名，既显示了其匠心独用，又妙在词义本身，被人读起来，简洁、响亮和爽口，有过目不忘、历久弥深的韵味。果然，在“咬不得”店铺的橱窗上，就发现了它主打的生煎包子的名字。再看店面里面，早已是座无虚席，边上还有很多人在站着等座位。

看来“咬不得”里的吃食还真的不错，本来我已经吃过饭，但被它诱惑，不得不推开了店门。但见店堂不大，却整洁，十几个桌位错落地摆着，使得空间不是很挤。店内的价目表上，品种很多，标在起首的就是“咬不得”生煎类的食物，其他的还有大碗饭类、汤羹类、奶品、粥类等。我见很多人都点了主打的生煎包子，且吃得津津有味，便也点了一份生煎包子。

等一位顾客吃完，走了，我便踱过去，在位子上坐好。“您的包子”，服务员一声柔语，就见一个雪白的瓷盘里，盛着四个包子，另加着一碟醋。包子黄灿灿的，还撒着一些黑芝麻，一些热气正从盘中袅娜而起。再闻一下，那包子特有的香味，一下子滑进了喉咙，令人产生一种不吃一口不罢休的欲望。

且慢。当我拿起筷子，夹住一只，欲一口吃下的时候，忽然想到了“咬不得”。既然咬不得，那一口下去，肯定有什么后果。

正好边上有一人，不懂吃的要领，一口下去，汤汁四溢，溅到了衣上，很是尴尬。吸取别人的教训，我夹住包子，放到醋碟里，再送入嘴轻咬一口。包子立马有了一个小口子，里面那滚烫的美味汤汁，就缓缓地从嘴里流到胃里，心中竟有了意想不到的快意。一个包子吃完，准备吃第二个时，桌上一个被我丢弃的放筷子的包装上面的字，引起了我的注意。拿起看看，原来是解释“咬不得”的三句话，其曰：以筷夹之，底脆面柔，恐滑落也；甫出锅，皮虽温，汁尤烫，恐惊舌也；张口咬之，汁水突爆，恐溅身也。三句话是告诫吃客的，吃前看了，可以避免很多不必要的尴尬，若不是有吃客的“模范”作用，我岂不是也要重蹈覆辙？三句话解释完了，下面还有引申出来的寓言，其曰：凡行事者把握未定则做不得。性急又做不得；无意外之备亦做不得。看来，“咬不得”的老板，深谙打文化牌的重要性，在这物欲横流、纷繁喧嚣的社会，以“咬不得”之名，给人们一些醒世恒言，足见其经营理念的不一般。

一盘“咬不得”，不一会儿就被我吃完了，仍觉得意犹未尽，就再来了一盘。只是边上有人等着座位，使我不能细品，只能较快地吃完。吃完了，就用纸巾擦掉嘴角的一些残汁，瞬间，也明白，我虽擦掉了一些“咬不得”，但“咬不得”的真髓，早已随那美味的汁水，扎进了我的血脉。

在“咬不得”，我咬了“咬不得”，但那“咬不得”也咬了我，嘿嘿。

（光其军）

周庄咸菜

咸菜哪里都有。特意要说周庄咸菜，是因为有一年在苏州，也就是一家普通的小吃店，要了一碗粥，几只点心，一碟小菜，坐下来吃早饭。

都是平常不过的东西。唯有那碟小菜给我留下深刻印象。切得细细的咸菜拌点毛豆，鲜嫩，爽口，咸淡适中，搭配喝粥自是极佳。问老板娘这是什么咸菜，答曰周庄咸菜，问店里有卖的吗，老板娘笑道，没有，我们都是用于待客的，不卖。

虽然只尝过一次，周庄咸菜的大名却长久留在心上，到底江南温婉，连咸菜都显得与众不同，那么细腻可人，或许就是文化使然吧。可惜周庄咸菜平时很难见到，既然别处没有，干脆去周庄好了。

那年去周庄，除了观赏风景，很大的期望就是买点周庄咸菜。但奇怪的是，尽管周庄特产不少，却未见到大张旗鼓宣传周庄咸菜的。有些小店有卖腌菜的，也未专门标注周庄咸菜的名头，倒是阿婆菜宣扬得更加充分，到处都有。见到一些瓶瓶罐罐里装着咸菜，询问店家，其回答也是语焉不详，大意就是自家腌制的，不是厂家生产的，所以没有所谓周庄咸菜的统一商标。那瓶里装的咸菜看上去也不鲜嫩，茎叶粗壮，有点类似老家所说的老咸菜，所以没了购买的欲望，没奈何，只得买点阿婆菜带回去。

阿婆菜又叫鳗鲤菜，其实就是腌苋菜，颜色金黄，味道也颇有特点，但离心目中的周庄咸菜还差了点感觉。抛开外观不说，口感太硬，太有韧劲了，完全不是想象中的爽嫩味儿。须煮炖酥烂，配上蚕豆、笋丝等才有模有样，却达不到浑身透着水灵，随意炒熟即香气萦绕的效果。

同里这两年去得较多，地位名气与周庄类似，便更加留意起类似周庄咸菜的身影。那天晚上走累了，回到客栈旁的一家小店吃东西，要了点稀粥和豆花，外加一碟小菜，不觉间竟有种当年的感觉，于是问店家，“这咸菜不错，卖吗？”“卖，都是自家做的，价格实惠。”考虑到天色已晚而明天才走，于是决定临走时捎点。

次日中午，还来到昨日那家小店。白日之下，见那腌菜似乎和见过的差别不大，有些犹豫，但店主一直说她家是用最鲜嫩的菜薹腌制，也就不再坚持。谁料得回去一尝大失所望，这不就是阿婆菜嘛！

不禁恍然。原来周庄咸菜只是一种做法而已，并不属于特定地域。是用过冬的新鲜雪菜腌制，那种咸菜，要取最鲜嫩的才好吃，量既有限，且不耐贮藏，天气一暖就又干又黄，不好吃了。那年在苏州大概是初春，逢上时令也逢上场合，试想，当待在某个清寒陌生的地方喝上一碗热粥，哪怕就是一小碟喷香的咸菜毛豆，那是什么感觉？而时过境迁，当裹挟在人潮汹涌的热门景区，再去寻找心中的周庄咸菜就难了，有些味道只能偶然相遇，却无法复制重来。

（张凌云）

清香鲜美的宁海镬癞头

镬者，锅也；“癞头”系方言，即头上长的癣。从字面理解，镬的“癞头”只有两种可能：一是镬肚脐上燃料烧灼留下的烟灰，一是镬里食物的焦煳物，即锅巴。究竟为何物，只有到了宁海才能分明。

宁海是宁波一个县级市，位于象山港顶，天台山麓，与台州接壤，山水清美，物产丰沃，人文景观众多，是《徐霞客游记》开篇处暨中国旅游节的开游地，可谓名不虚传。走宁海，既是赴一场视觉盛宴，又免不了要一享味觉饕餮。宁海的小海鲜清鲜味美，名扬江浙，宁海的风味小吃亦颇招人喜爱，早已名声在外。你可能想不到，宁海“镬癞头”就是两者的有机结合，餐前小吃兼下饭(菜)，非但没有名字那么讨人嫌，反倒显得清灵秀气，像宁海山水，引人入胜。

一个外来客，初到宁海，用餐时，若问店家有什么特色菜，回复中必有“镬癞头”。我是在朋友引荐下才得识“镬癞头”真面真味的。朋友为一宁海“土著”，说一口宁海牌普通话，他向我介绍“镬癞头”时，我并没听得太真切，待“镬癞头”上桌，我眼前一亮，方才想起问他：“你刚才说这菜叫啥?”“‘镬癞头’呀！就是镬的‘癞头'啦!"朋友幽默地向我眨眨眼。这回我听清楚了。让我感到惊讶或者说不明白的是，这样一味堪称美丽的食物缘何跟让人闻之掩鼻的"癞头"挂上钩，且还是镬的"癞头"?

且看这"镬癞头"真面目：一整个圆形的，被切成六个菱形块，内里映着鲜虾仁的浅红、鱼肉茭白丝的玉白、韭菜与葱花的青碧……扁薄清透油亮，煞是好看。我看得痴迷，一时不知身在何处。朋友在一边忙劝吃："'镬癞头'垫垫肚，要趁热吃，凉了就不好吃了，得回锅了再吃。"我夹一块入口，软、滑、嫩、鲜、香，口感味觉独特，顿时食欲大开，大快朵颐。连着吃了两块之后，我方回过神来，终惦记起内心的疑惑：

"你说这'镬癞头'，怎么就叫'镬癞头'呢?"

朋友乐了。他说"镬癞头"纯粹是宁海乡土的吃食，其名也就透着纯粹的乡土味。宁海三面环山，一面朝海，所以早时好多宁海人身兼双职，既是山民，又是渔民。由于受渔具和交通运输的制约，那时宁海渔民打回的大多是近海滩涂上的小鱼小虾，又不能及时销到外地去，所以大多只能自产自销，销路不外乎两个：一是现卖现吃；二是卖不了吃不掉的就晒制成干或鲞，利于贮藏。海鲜保鲜期极短，那时没有冰箱等冷冻保鲜设备，现吃的鱼鲜也至多能放半日半夜，过后就会腐败变质，只能喂鸡鸭牲畜了。也不知最初是哪个聪明的宁海老侬(老婆)发明的，把鲜亮的虾蟹鱼等去壳挑刺剩肉，与时令的青笋茭白丝和韭菜、葱花等在油锅里快速清炒至半熟，用湿淀粉挂糊，再在热油锅里两面煎至油光透亮……"还别说，鲜美的虾仁鱼肉裹在'镬癞头'里，两三天不坏，凉了硬了在锅里回一下，煎软了照样鲜香美味……'镬癞头'就这样慢慢传开了。"

我听得一愣一愣的。朋友问："知道为什么叫'镬癞头'了吧?"

我傻傻地摇摇头，仍不明所以。“傻吧你。”朋友更乐了，“记得‘镬癞头’怎么做的吗？……挂了糊在油锅里两面煎……像不像镬的癞头？”

我恍然：“噢，原来这‘癞头’是这样来的啊！”

我确实傻。不过到了宁海，得尝美轮美奂的“镬癞头”真味，也傻得值了。

（寒　石）

微山湖名吃“老鳖靠河沿”

带外地来的朋友到微山湖上荡舟游玩，结果还没玩一会儿，朋友就催我赶紧带他去品尝微山湖有名的特色小吃——“老鳖靠河沿”。

“老鳖靠河沿”最早是微山湖渔民出去打鱼时，为了节省柴草，将现捕的活鱼用湖中水在大铁锅中炖，锅边再贴上手掌大小的一圈面饼，鱼炖好了，面饼也蒸熟了。吃着面饼就着醇美的鱼肉，喝着鲜美的鱼汤，一顿饭会吃得有滋有味。久而久之，这种简单又省事的做法，就成了微山湖小吃的一大特色。

“老鳖靠河沿”中的“老鳖”并不是真正的老鳖(甲鱼)，而是用面食制作的锅饼。最初贴锅饼用的是芒子米碾成的面粉，随着苦茳草的减少，再想吃到芒子米粉，已经不可能了。现在做锅饼用的面粉，一般都是豆面掺玉米面。所以要想吃到原汁原味的微山湖“老鳖靠河沿”已经很难了。但菜里面用的鲫鱼、嘎鱼和小鲶鱼，微山湖里却是应有尽有的。

做“老鳖靠河沿”的第一步是和面。把掺好的豆面和玉米面用水和成平时包水饺用的一般软硬的面团。第二步是将鲫鱼、嘎鱼和小鲶鱼洗净、收拾妥当后，放到滚开的油锅里炸一下捞出。最后是在油锅里放入花椒、八角、葱、姜、干辣椒等作料爆炒出香味，加水，放入炸好的鱼。用火将鱼汤煨开，待鱼七成熟时，再加一瓢微山湖的湖水，把刚才分好的小面团，在手掌匀开至巴掌大小，分别沿锅沿贴好。待整个锅沿贴满后，一个个面饼就像一只只老鳖爬满河沿，可不就是“老鳖靠河沿”嘛！

把锅盖盖严后，锅下用大火不停地烧，咕嘟咕嘟的声音从锅中冒出，鱼的鲜美味道也都被“老鳖”喝进肚里。待锅烧得大冒白气时，停下火焖大约10分钟，“老鳖靠河沿”这道菜就做得了。

说话间，老板已经把铁锅端上了桌。我赶忙掀开锅盖，只见金黄的锅饼整齐地排在锅边上，发出沁鼻的香气。用小铲在锅的四周一铲，锅饼全都滑落到菜锅底部。看着浓香四溢的鱼和锅饼，朋友顿时来了精神，挥舞着筷子，忙不迭地往嘴里夹鱼。我也赶紧夹起一块鱼肉放到嘴里，细腻、鲜香；再咬一口“老鳖”，喝一口鱼汤，那浓厚绵长的香味，瞬间流遍全身。

说起“老鳖靠河沿”名字的由来，还有一个故事呢！当年，乾隆皇帝下江南时路过微山湖时，有位老渔民献上此菜。乾隆皇帝吃后，觉得口味甚好，问此菜名。这菜原是湖中渔民的家常菜，并无名称，老渔民灵机一动，回答道：“老鳖靠河沿”。随从官员忙附和说：闻听乾隆爷下江南，路经微山湖，湖中千年老鳖都来岸边朝拜呢！乾隆皇帝闻言大悦。从此以后，这道菜就有了“老鳖靠河沿”的名字。

如今，随着人们生活水平的提高，渔民的菜肴逐渐丰盛，但“老鳖靠河沿”这道菜，却一直被微山湖的渔民们所钟爱。除了因为它味美，更因为它饱含了微山湖人民的聪明与智慧！

（李海英）

鸡西人的刀削面

一说起刀削面，头前总是要冠上“山西”二字，以彰显其正宗。刀削面与抻扯无缘，全凭刀削。面片边薄中厚，有棱有角，软而不黏，口感独特。用老汤大火猛攻，拌着浇头吃，咸香可口。每一口都是老晋人的味道。

在我的家乡鸡西，也有一种刀削面。面香味辣，香飘十里。说来也巧。论起亲疏辈分，鸡西的刀削面与山西的刀削面是一脉相承。在园林路有一家面馆，据说就是山西人开的，也是鸡西最早的刀削面馆之一。不光面鲜，辣汤更是独特。表层微黄油亮，里面裹着红彤的辣子。取代浇头的是辣椒末，当中有几条熟牛肉。当地的刀削面卖的就是一碗辣汤，这辣劲跟冷面里的辣菜有点沾亲带故。

没有飞刀就不算刀削面，刀功与火候直接影响面叶的好坏。刀削面对和面的技术要求较严，水、面的比例，要求准确，一般是一斤面三两水，打成面穗，再揉成面团，然后用湿布蒙住，饧半小时后再揉，直到揉匀、揉软、揉光。如果揉面功夫不到，削时容易粘刀、断条。刀削面之妙妙在刀功。

刀削面早先是路边小摊，支两口大锅，一口锅武火煮面，另一口锅文火炖辣汤。厨子右脚外展，左胳膊直托面块，右手紧扣刀把。面刀形似面铲，略微有些弧形。手眼刀一线，一棱赶一棱。刀锋轻搓面块，面叶翻滚着跃入滚水中，又像银鱼戏水，煞是好看。高明的厨师，每分钟能削二百刀左右，每个面叶的长度，恰好都是六寸。有顺口溜形容飞削，一叶落锅一叶飘，一根银鱼已出刀，柳叶乘风下树梢。

坐在路边的小马扎上，盯着飞舞的面片，目不暇接，汤锅弥漫着诱人的辣香。嘴角快溢出口水的刹那间，一碗热腾腾的刀削面便已端上饭桌。热辣刺激着味蕾，一股麻劲冲上脑门，不一会儿便出一身汗。夏天吃刀削面则更舒爽，一股脑地出透了汗，浑身一阵清凉。辣汤刀削面似乎具有工夫茶的神韵。

鸡西的刀削面深受学生和上班族的欢迎。辣椒让人上瘾一说，不太让人信服。或许是刀削面的热辣辛香，成为压力的宣泄出口。诚然，哪怕是平日里最沉默的人，吃一碗刀削面，也会汗如雨下，嘴唇颤抖发木。摇头晃脑吐舌头也是有的。刀削面愈出名，吃法越讲究。吃面都演化出一套切口。

都说鸡西人生得一副辣口，什么美食来到这个地方，都会逐渐地接当地的气。也许东北就是如此，干什么事儿都可能沾亲带故的。鸡西刀削面也是如此，沾了老家山西的故，带了朝鲜族辣菜的亲。或许在某天，鸡西刀削面也会在传统面食里留下浓重的惊艳一笔。

（张瀚铎）

客家酒糟鱼

烹熟的客家酒糟鱼，具有鱼体完整、肉质松软、骨烂如泥、肥而不腻、糟味浓郁、滋味香醇等特点。成品鱼呈酱黄色，醇香爽口，色味俱佳。酒糟鱼味美价廉，是一般百姓喜爱的佳肴。

很久很久的过去，特别是在闽粤赣地区，那些做小买卖的底层穷苦人，挥汗如雨地讨一天生活，碰上收入较好的时候，高高兴兴地掏出几个铜壳子(10文一枚的铜板)买上二两酒、一包酒糟鱼(过去酒糟鱼用莲叶或荷叶包)。一手端着大碗客家娘酒，一手拿着酒糟鱼，蹲在圩场餐馆门口，饮酒、吃鱼，谈天说地，神仙般快活，高兴时还来上一首客家山歌，说“有酒有鱼有米饭，给个知县也不换”。当他们欠债赔钱的时候，也要赊二两酒、一包酒糟鱼，蹲在那里借酒浇愁。

清代乾隆年间的进士李化楠所撰的一部饮食专著《醒园录》中提到了酒糟鱼的做法：将鱼破开，不下水，用盐腌渍之。每鱼一斤，约用盐二三两。腌渍二日，即于卤内洗净，再以清水摆净，去鳞翅及头尾，于日中晒之。候鱼半干(不可太干)，砍成四块或八块(肉厚处再剖开)，取做酒之糟听用。每鱼一层，盖糟一层，上加整花椒，逐层用糟及椒安放坛内。加糟汁液少许，微觉干，便取上好甜酒酌量倾入，用泥封坛口，四十天后可吃。临吃时取鱼带酒糟，用猪板油细丁，拌入碗盛蒸之。

酒糟和鱼是此菜的主料。每当客家地区万山红遍、颗粒归仓后，家家户户都会酿制米酒。浸软的糯米蒸熟、晾凉后，拌上酒饼，挖入瓦瓮，密封瓮口，蹾在灶箩柴草堆里，发酵七天后就能生酒。榨出甜酒后，把酒糟烘干，便是上等的香酒糟了。客家人逐水而居，其繁衍生息处，水网密布，溪涧纵横，水多，自然鱼多。

客家酒糟鱼的具体做法如下：将 10 斤重的鲤鱼沿头尾劈开，再从腰处剁成两半，清洗干净，浇上白酒，逐层撒上食盐拌匀，放在瓦钵中，腌渍一天，取出待用。把腌渍过的鱼，先去鱼鳞、鱼头、鱼尾、鱼骨、鱼鳍，晾干水分，着香酒糟、老姜丝、花椒粒，调匀，放入瓦瓮内加盖密封待用。酒糟鱼一般在夜间加工，燃料以木柴为佳。将密封好的鱼拿出来，翻匀调料，放在大瓷碗中，加切碎的猪板油，装在笼屉中文火慢蒸一夜，次日凌晨出锅。吃酒糟鱼最好凉食，味极鲜香。

此菜之所以先腌渍后热蒸，是为了入味，而且腌渍的时间比较长。客家地区除了酒糟鱼，还有酒糟笋、酒糟肉、酒糟鸡、酒糟鸭，后四者和酒糟鱼的做法大同小异，但酒糟鱼是用生鱼入酒糟，笋、猪肉、鸡、鸭等须用熟料。

（赖　晨）

欢腾的滕州“羊杂汤”

羊肉汤在鲁南的滕州，是一绝佳的好汤。它以汤白、肉红、芫荽翠的“色相”和性温和、善滋补而著称。一般人如若被人请去喝羊肉汤，一定是被当“贵客”对待了，常听人讲：哥们儿，事儿办妥了，一定请你喝羊肉汤！

但是，现在羊肉价格噌噌上涨，羊肉汤就不再大众化了，以至于“下里巴人”的羊杂汤兴起了。羊杂汤，顾名思义，就是羊肚、羊腰子等一纵羊下水，洗净加料做成的汤水，这汤水既有纯羊肉汤的勾人馋香，亦有羊肉的滋补功效，且价格很低廉，于是羊杂汤店的生意开始红火起来，尤其在秋冬季节。

话说数九寒天，手脚都伸不出去了，小小的店内却热气腾腾，看看顾客们因空间狭窄，有蹲有坐、有靠墙而立，更有斜靠桌边的，全都大口吃肉、大碗喝汤，吃相“贪婪”，脸上流着汗，喉结上下翻动，发出咕咚咕咚的声响，狼吞虎咽的样子骇人至极。再看看他们手里的大黑扣子碗，漂着羊肺几片、羊肝几尖、羊肚儿几缕，上面油油的一层，火苗子般艳艳红红的辣椒油，透着辣香和溽热，让人从腹腔里伸出手来。这羊杂汤如若不加醋，其味道细细闻起还有一丝膻腥，但是别担心，提起醋壶，注入几段鲜醋，羊肉的膻味立刻收了，消了，最后再用筷子轻轻搅几搅，让碗中诸物相互浸润、融通，直至成为一体，这时候，肉香、醋香、辣椒香、香菜香等诸种香才一窝蜂地朝鼻孔奔袭而来。顾客此时只想将汤入口，怕是胡蜂蜇头，也全然不管不顾了。

羊杂汤做法简单，无非将清水添入锅内，待水响，再放进羊肉、羊杂、羊骨，用大火烧，舀出浮沫，然后加进白芷、肉桂等调味草药，再烧至锅开，尽管如此，不同地方的羊杂汤，味道还是不尽相同，估计这里面的奥妙你也能猜出几分：应该是厨师个人的手艺问题。什么时候加肉，什么时候加料，火候的强弱，咸淡的适宜，辣、酸的浓淡，都在厨师心里装着、手上掌握着，这就直接导致了一个厨师一个味儿。如我们镇上的陈二羊杂汤，老板矮胖黑，但做羊杂汤却很有一手：他往往会提前用大锤把羊大骨砸碎，加入锅中慢火炖煮，等其汤色为乳白时为好；然后把羊杂在底汤中浸泡一夜，食用时，从汤锅中取出羊杂，切碎放入碗中，加上蒜苗末、香辣油，最后用小端锅，把熬好的底汤烧沸，用马勺头舀起高高扬起，成一线浇入碗中，碗里的东西呼哧哧转出一个旋儿，冲天冒出一股异香，再泡上一个芝麻烧饼，吃起来简直美死了。

滕州羊杂汤店多数也卖羊肉汤，顾客可以根据自己的需要，决定自己要羊肉汤还是羊杂汤，只不过，两项比较起来，还是喝羊杂汤的多。在这里，人们会过日子、节俭是一方面，另一方面，兄弟爷儿们几个，蹲在一起边喝汤边聊天，不虚伪不做作，众生平等，平日里在单位吃饭时论资排辈、上下有别的感觉，早跑到爪哇国去了。

看看，这羊杂汤倒能喝出一种熨帖的开心氛围来，也能喝出一种平民百姓脚踏实地过日子的感觉来，所以，卖羊杂汤的生意就欢腾、热闹得很。

到了滕州，你可以仔细寻找，看到道边有房屋几间，门旁却无招牌、无幌子，倒是有一个白森森的羊头骨挂在那里，在风里轻轻地摇晃着，闪着清幽幽的磁光，对了，这就是滕州的羊杂汤店，放心进去好了，等待你的，定是一碗香喷喷、热乎乎的羊杂汤，两口过后，身心“哗”的一下完全放松下来，胜似神仙……

（张光恒）

南翔古镇品小笼

秋高气爽的日子来到上海的南翔古镇，游过古朴清幽的古猗园之后，最要紧的自然是要品尝驰名中外的南翔小笼了。

走进百年老店“日华轩”，只见中外游客里三层外三层的，都在津津有味地品尝着小笼，果然是南翔老街上人气最旺的地方。我点的鲜肉小笼上桌了，霎时间，腾腾的热气与诱人的香味扑面而来。看每只小笼晶莹剔透，恰似美人春面似的白里透红、水嫩鲜妍，仿佛弹指即破。而且，小笼从顶部开始有十几个匀称的螺纹褶子，漂亮极了，这究竟是可口的点心还是精致的工艺品？我不禁感叹，真是名副其实的秀色可餐。难怪作家张爱玲夸南翔小笼不仅好吃，而且形状雅致，是个灵秀之物。

初次品尝南翔小笼，我不小心把薄薄的外皮给夹破了，结果一包鲜汁直淌出来，而我就把流剩在皮壳内的鲜汁连同肉馅一同送入口中——真是令人销魂的美味！简直打耳光都不肯放的。这时，我已经领略了南翔小笼的美，其美在玲珑、美在娇小、美在皮薄，更美在汁鲜、馅鲜。我相信，凡是品尝过南翔小笼的人，都会为之倾倒。

同桌是一位南翔本地的“老吃客”，他告诉我，吃小笼不能心急，要是一口闷的话，极有可能被滚热的汤汁烫到喉舌。有个“老三篇秘诀”，是一口开窗、二口喝汤、三口吃光。先用筷子轻轻夹起小笼的尖头，蘸上浸有姜丝的香醋，然后在小笼边上咬个小口，微微吮吸一下，让鲜美的汤汁慢慢流入口中，最后才将整个小笼送入口中。吃小笼的精髓，就在这一吸当中，鲜香满溢的愉悦感会让人心花怒放。按照老人的指点，我轻夹、轻移、轻咬、轻嘬、轻吃。果然，浓郁的汤汁、粉嫩的肉馅，真是满口生香，妙不可言。

“老吃客”又风趣地说，在南翔本地，辨别毛脚女婿就请他吃小笼。如果这个女婿吃的时候急吼吼的，一筷子上去就把小笼的外皮给夹破了，丈母娘的脸上马上就会多云转阴。假如这汤汁飙到丈母娘的脸上，烫痛了丈母娘，那这门亲事就完了。如果毛脚女婿只吃肉馅，把皮壳留下来，丈母娘就会想：这小子大手大脚的，我女儿要是嫁给他，以后怎么过日子！所以，把小笼吃光也是很重要的一环。想不到，吃南翔小笼还有这么多的门道，我不禁拊掌大赞。

有着100多年历史的南翔小笼，创始人正是“日华轩”点心店的老板黄明贤。他选用精白面粉擀成薄皮，以纯精猪肉为馅，不用味精，而用鸡汤煮肉皮取冻拌入，使小笼多有鲜汁。为求美观，每只小笼从顶部开始有14到18个匀称的螺纹褶子，使其个个似小巧玲珑的宝塔。上笼蒸透后，店家自行检验，任取一只放入小碟内戳破外皮，如果流出的汤汁不满一碟，则不出售。想想看，这样做出来的肉馒头，怎么会不好吃？

皮薄、汁多、馅大、味鲜、形美的南翔小笼，将小笼美食这门艺术发挥得淋漓尽致。难怪美国前总统克林顿、英国女王伊丽莎白二世等人做客上海时，都对南翔小笼赞叹不已。吃南翔小笼可以吃出风情来，这也是饮食艺术中最有兴味的情趣了。

（陈卫卫）

邂逅香河肉饼

我曾到河北香河与朋友小聚。在香河，邂逅了那里的名小吃——肉饼，香酥鲜嫩的味道，至今回味，余香不绝。

香河肉饼历史悠久，有二百多年的历史。它的前身可追溯到一千多年前的突厥饼。突厥族是北方的游牧部落，游走在大草原上，多牛羊肉，少面食，牧人便做成皮薄馅大的面饼招待客人，以表示他们的热情好客。后来，明成祖时期，肉饼的做法传到了香河，被后人传承至今，成为人们舌尖上的一道美味。

香河肉饼制作工艺考究。制作肉饼主要食材是面粉、葱、姜、蒜、猪肉、牛肉等。而它的制作工艺，从和面、拌馅、制饼、烙饼，每一步都有独特的技巧。和面要用普通面粉和渣面混合在一起，水温在三四十度，面不软不硬，揉起来光滑柔软，放置半个小时，擀起来得心应手，擀出来的皮儿要求薄如纸且有弹性。

肉馅要经过刀口剁、刀背砸，形成肉泥，再放入事先熬好的汤料。熬制汤料也有诀窍：要把大料、花椒、肉桂、香叶、小茴香放水中煮十分钟左右才可以使用。汤料放好，再放入姜汁、十三香、蛋液、老抽、豆豉、少许蜂蜜和糖，提鲜增香，之后用香油搅拌。这样的肉馅香而不腻。

做饼时面皮要擀成圆形，放馅，把馅裹住，用手轻轻按平，再用擀面杖将饼慢慢按推展开，均匀不露馅。也有把面皮擀成长方形的，这样放好肉馅，可以卷叠成三层——两层夹馅，无一处肉馅断缺。即使擀成三层，烙出来也不到半寸厚。饼坯做好，放入锅内开始烙，每一面都要用刷子上油，这样烙出的饼皮才会被油浸成半透明状，隐约可见肉馅即可出锅，油汪汪的焦黄，让人食欲大增。

烙好的肉饼，通常会被切成小三角块入盘，这时，你用筷子加起一块肉饼，肉香扑鼻，轻轻咬一小口，酥酥的面皮，嘎吱吱的，真是脆脆的酥香伴着鲜嫩的肉馅，让人不想急于咽下。细品，那肉馅多汁松软，香滑不腻，在你搅动齿舌间，一股醇香悄悄地沁入肺腑。闭目回味，那愉悦之感，仿佛如一首悦耳的音乐带给你的余音绕梁。

香河肉饼载誉全国，名扬天下。香河肉饼传遍京津是在乾隆年间。相传乾隆爷和刘罗锅微服私访，来到香河。二人进了一家肉饼店品尝肉饼，刚咬一口，乾隆爷就呆了，赞叹“原来人间竟有如此美味”，一高兴，留下了自己的墨宝：“香河有奇饼，老妪技艺新，此店一餐毕，忘却天下珍。”从此，香河肉饼名扬四海。

香河肉饼成为香河的文字名片，金字招牌。这里不仅抒写着文化与历史的传承，更镌刻着一代代香河人对传统手艺的执着和考究。在这个快节奏的时代里，快餐食品满街飞，而那传统的工艺，良心的制作，使得这肉香浓郁、油香四溢的肉饼一直被人们津津乐道，成为舌尖上的诱惑！

邂逅肉饼，尽享美食，人间灶火，在舌尖升华，不免让人又多了一份美好的情怀！

（王红悦）

武汉靓汤“小桃园”

武汉人最爱喝汤，素有“无汤不成席”之说，以至于荆楚烹饪界流传着一句行话：“江汉川泽鱼虾美，瓦罐风味盖百家。”武汉人爱喝汤，更会做汤，而且花样繁多，鱼类有鱼圆汤、鲫鱼汤、甲鱼汤、鲟龙鱼汤、生鱼片汤、虫草八卦汤等，肉类有阴米土鸡汤、绿豆老鸭汤、人参鸽子汤等，荤素搭配的有排骨莲藕汤、芸豆肚片汤、冬瓜石蛙汤、牛肉萝卜汤等，五花八门，都是武汉人餐桌上的常见靓汤。

在林林总总的江城靓汤中，笔者最爱的要数已有数十年历史的小桃园煨汤了。

“不喝小桃园的汤，枉到武汉来。”小桃园煨汤馆位于汉口胜利街和兰陵路交会处，20 世纪 40 年代中期开办，创始人为原天主堂医院的厨师陶坤甫和袁得照，陶为西餐厨师，袁是中餐厨师。

1944 年 12 月 9 日，美国战机轰炸汉口日军，误炸了天主堂医院，陶、袁二人因为医院被炸毁而失业。为谋生计，遂合资在汉口兰陵路口的空地上搭起了一个小棚子，专门经营早点，主要卖豆浆、糯米包、油条、包子、面窝等早点小吃，那是 1946 年冬天。由于资本有限，最初的经营面积只有十几平方米，只能倚门设炉，当堂营业。

见生意清淡，二人商量着如何改变经营模式。想到武汉人都有喝汤的习惯，而且当时在大智路铁道边有一家卖瓦罐八卦汤的小吃店，是某洋行的一个失业的大厨在经营，生意还不错，于是他们想不如改为专门经营煨汤，因为陶坤甫有一手煨汤的好手艺。

煨汤馆最初是取两位经营者的姓氏而成——“筱陶袁煨汤馆”，首先推出的是牛肉汤和八卦汤(八卦汤即乌龟汤，古人在龟甲兽骨上占卜，所以乌龟又称“八卦”)，由陶坤甫掌勺主理，煨出来的汤色泽鲜亮，汁浓味稠，营养丰富。由于二人待人和蔼，加上选料严格，所进牛肉、乌龟都非常新鲜，汤的做工十分精细，而且物美价廉，所以生意一路向好，有了一些固定的回头客，不光有钱人频频光顾，一些人力车夫和码头工人也经常来这里，喝上一碗美滋滋的热汤来补充体力。

经过苦心经营，“筱陶袁煨汤馆”的生意日益兴隆，规模开始扩大，汤的品种也增加到二十多种，排骨汤、鸽子汤、猪蹄汤、鸭子汤、甲鱼汤、肺肠汤等各具特色，都是店内的招牌汤。其中最有名的是母鸡汤，专以与武汉相邻的孝感、黄陂出产的土鸡为原料，因为那里的土鸡肉嫩油厚，骨小，入味好，营养价值极高。

1979年，已到古稀之年的筱陶袁煨汤馆副总经理陶坤甫取陶、袁谐音，将店名改为“小桃园煨汤馆”，沿用至今。

(李笙清)

天生桥饕餮盛宴“大盆肘子”

曾在一个秋天，游览我的家乡河北保定天生桥景区。兴致勃勃下得山来，方觉两腿发软、浑身轻飘，唯一的想法就是赶紧坐下填饱肚子。当地朋友引我们走进一家农家饭店，被推推搡搡请上了炕。

不一会儿，凉拌野菜、蘸酱黄瓜、凉拌土豆丝、五香豆腐干、切瓣腌鸡蛋，陆续摆上了桌，自然围成一圈。心想，就这些凉菜，哪够吃，肘子呢？片刻，朋友一挥手：“大家让一让。”但见服务员端一搪瓷脸盆，放在桌中央，顶尖一盆，让人大吃一惊。

哇，这就是传说中的大盆肘子呀！红乎乎的肘子肉，肥瘦适中、光滑细嫩，自然地铺满盆面，眼观已然酥烂；黄色的大块土豆，乳白泛红的豆腐、粉条，藏于肉块之间露出个头儿；酱色的肉汤，一漾一漾，闪着油光；表面再点缀上随手掐折的香菜茎叶；肉香、酱香、作料香、土豆香、香菜香，一时随着腾起的热气，直钻鼻孔，直搅食欲。大饱眼福之后，开吃，定要再大饱口福。

朋友抄起盆边的大勺，轮流给大家往面前的大碗里盛肉。本以为这猪肘子肉定会肥腻，可夹起一块放在嘴里，轻嚼即碎、滑爽利口，香而不腻、满口流香。再加上细腻香面的农家土豆、细长筋道的粉条和鲜嫩爽口的卤水豆腐，一块块、一勺勺，虎吃不停，惹得大家一阵哄笑。大快朵颐片刻，竟然忘记了推杯换盏。

“别光顾着吃肉，就点儿凉菜。干杯！”

原来，这些提前备好的凉菜，还真上讲究，都是地地道道的绿色食品，绝对新鲜、无污染；吃在嘴里，爽利脆生，绝对耐品。如此这般，大盆肘子搭配精致凉菜，堪称绝配，配出了一道色、香、味俱佳的农家“饕餮盛宴”。

好菜好肉，自要配好酒。举杯痛饮的好酒，是用本地盛产的大枣，沿袭传统古法酿制的枣酒。这酒，被农家视为舒筋活血、养生滋补的佳酿，许多寻常人家都会珍藏几坛或几壶，或埋到地下，或浸泡枸杞、人参等补品，藏个十年、二十年、三十年的都有；时常在下田劳累之后、有客造访之时，才拿出与人分享。我们端在手中的，是朋友家珍藏的二十年枣酒，色泽微黄，入口绵软，酒香浓郁，且不上头，爬山的疲累随酒消释，甚是舒爽。

酒过三巡，大盆肘子已扫荡见底。“主食！”服务员又应声端上两盘褐色的细面卷，整整齐齐码成圆形，朋友介绍这是莜面栲栳栳(读 kǎolǎolǎo)。照着朋友的样子，将大盆肘子吃剩的肉汤盛在碗中，然后撕扯下莜面栲栳栳，浸泡之后再吃，原来竟是如此美味，这肉汤也有这般用处。或再浇上米饭，这满满一盆肘子、一桌凉菜、几份主食、一碗棒子面糊糊，就这样被我们一扫而光。抹嘴、拍肚，大呼过瘾。都说山里人朴实、热情、好客，这美味的大盆肘子，还真是让人体会到了这山里人的真性情。

朋友说，这大盆肘子远近闻名，已获评“中华百佳饮食特色名吃”。只要来天生桥旅游，必吃大盆肘子，一是补充爬山消耗的能量，二是给外地的游客留点儿念想。

回家后，我也摸索着做过两次肘子，可就是做不出天生桥大盆肘子的地道味儿。看来，还真得再去一趟天生桥，再美美地吃它一顿大盆肘子了！后来，我竟然如愿以偿。

央视国际频道名牌栏目《远方的家·长城内外》栏目组一行走进阜平。我荣幸地参与了前期策划，并极力推荐了特色美食“大盆肘子”。再次走进那家肘子老店，备感亲切。院内花团锦簇，温馨怡人；雅间简单朴素，窗明桌净；老板热情好客，真诚以待。随栏目组走进厨房：冷柜、食材，桌案、器具，摆放有序、井井有条；几眼炊灶相连的灶台，用瓷砖贴了，擦拭得一尘不染；两位家庭厨师道道工序一丝不苟，操作娴熟。已将老店传于儿子的老店主老王面对镜头，自信地说：“我这店开了三十多年，也在创新，最近就将肘子与猪手一起卤炖，营养、口感更佳。但手法不变，诚信不改，还是那个味儿，顾客都信我老王！”栏目主持人边主持边品尝，赞不绝口，誉美之词随节目播出，令大盆肘子名扬全国。

那天我再次品尝了大盆肘子，对其“肥而不腻、口感极佳，配菜丰富、主食地道，分量十足、物美价廉”的农家气质有了更深的体会与理解：这不仅是一道美食，更是山里人朴素品质、固有初心的一种坚守与传承；入口入心，真是别有一番风味！

（白万伟）

西湖夏天品荷馔

时值夏天，杭州西湖荷花翠盖红裳，风流丽质，使夏日的西湖多了别样风情，正如宋代杨万里所吟咏的“毕竟西湖六月中，风光不与四时同”。我每次出差去杭州总要好好品味一下。

其实，杭州西湖不仅荷花美丽，令人怦然心动，而且以荷为佐料或主料烹制的美味，也足诱人馋涎。

早在南宋绍兴年间，在西湖洪春桥旁有所面院，以种植荷花著称，取金沙涧水以莲曲酿酒，供宫廷饮用。面院内碧叶红荷，曲醇莲香，别有一番情趣。清朝康熙皇帝题西湖十景碑时，改“面院”为“曲院”，“曲院风荷”成为西湖的著名景点。

为适应夏季赏荷品味的游客需要，当时就有厨师取用西湖新鲜荷叶，将炒熟的香米粉和经调味的猪肉裹包起来，然后蒸制，那熟了的“荷叶粉蒸肉”，其味清香，鲜肥软糯而不腻，夏天食用很合胃口。后来，随着西湖“曲院风荷”美名的传扬，“荷叶粉蒸肉”这道既可佐酒，又可下饭、当点心的佳肴，也渐渐成了杭州著名的特色菜肴。

当观赏了西湖荷花，在酒店宾馆就餐时，“荷叶粉蒸肉”往往是游客不容错过的选择。当服务员端上一盘“荷叶粉蒸肉”，那飘逸的荷叶清香会直透你心底，细细品尝，肉质酥烂不腻，清香可口，别有一番滋味。

品尝了“荷叶粉蒸肉”这道杭州美味，可别忘了还有一道与荷叶有关的名菜“叫花童鸡”。到杭州西湖旅游，如果没有品尝一下“叫花童鸡”，那就很难说吃过杭州许多美味。

说起“叫花童鸡”这道杭州名菜，还有一个有趣的传说：古时，一个乞丐（俗称叫花子）在虚弱中昏倒，难友讨来一只小母鸡为他滋补，苦于无炊具烧制，只得用荷叶将整鸡包裹起来，再涂上一层黄泥，置于火中煨烤。煨烤出来的鸡，异香扑鼻。于是人们把先用荷叶再用烂泥裹鸡煨烤制的菜，特地冠上“叫花”二字，说明这一特定工艺的来龙去脉。

如今，杭州“叫花童鸡”选用优良的“越鸡”，剖洗净后填放配料，用鲜荷叶包裹，再涂以用“酒脚”（绍酒的沉淀渣汁）拌过的泥巴，经数小时的煨烤而成，荷叶的清香和鸡的鲜香融为一体，香气四溢。送入口中，顿觉鸡肉酥嫩，风味别致，齿颊留香。如蘸以花椒盐和辣酱油食之，更觉风味浓郁。杭州楼外楼、杭州酒家都有传统名菜“叫花童鸡”，可让你解馋。

在杭州民间，人们也十分喜欢用荷叶来制作菜肴，其中“荷叶新风鸡”就是一道带有荷叶清香的荷肴。

这道菜选用本年新鸡，调味后，用新鲜荷叶包裹蒸制而成，吃起来鸡肉鲜嫩，荷香四溢，令人大快朵颐。

当饱览西湖美丽的风景，踏进楼台亭阁歇歇脚的时候，你可品尝一下荷所奉献的美味——西湖桂花藕粉。

当服务员热情地端来一碗西湖桂花藕粉时，香气洋溢、晶莹透亮，吃起来香滑细嫩、清甜可口，会使你感到无限快意，烦暑顿消，进而想起“出淤泥而不染，濯清涟而不妖”的荷花品性和献身精神。

在西湖品荷馔，不仅是品尝美味，而且会从中得到营养，个中还有药用功效呢！

荷叶，具有去暑解毒功效，《本草纲目》中也有记载。荷叶性味苦，能清热、解毒、散瘀、治暑热等，主治暑湿泄、眩晕、水气浮肿、吐血等症。如荷叶汤，有健脾胃、解暑轻身之功效。荷花亦可入药，它性味甘苦而温，无毒，有活血、去湿消风的功效，多用于治疗跌损呕血、天泡湿疮等疾病。《日华子本草》中记载荷花具有“镇心、益色驻颜”的功效。藕粉含有多种营养成分，具有生津、清热、开胃、养血、补肺、滋阴等功效，是有名的滋养品。

游西湖，品荷馔，带给人们的不仅是眼福，也有口福！我爱西湖美景，也爱西湖荷馔！

（缪士毅）

春城花肴醉食客

初春季节，携老伴儿去春城昆明。春城无处不飞花，在这花花世界里，我们游罢植物园，便觉口干舌燥，腹中饥饿，于是就近找了一家名为花花公子的酒店用餐。服务员递上菜单。“哇!”清一色的花卉菜肴，品尝全宴花食，我还是首次。

不过，鲜花入肴早在两千多年前就在我国兴起了。战国末期杰出的政治家和爱国诗人屈原在《离骚》中曾记下“朝饮木兰之坠露兮，夕餐秋菊之落英”。《神农本草经》把菊花列为“轻身耐老”的上品。宋、明、清各朝代，都有文字记载的用花制作美食的食谱，如梅花粥、芍药花粥、黄菊花饭(称作金饭)，还有芙蓉花烧豆腐(又命雪霞羹)、桂花糕(别称广寒糕)以及油炸玉兰花瓣，等等。我瞅着酒店墙上的有关花肴饮食文化的介绍，感到自己的确是孤陋寡闻了。

“先生您好，请点菜。”服务员微笑着递过菜单，接着上了一壶花茶。我倒满杯牛饮了几口后，才与老伴儿点起菜来。

第一道菜是玫瑰炒鲜虾。面对此菜，我不禁想起十多年前的一段往事：在我与老伴儿结婚周年纪念日那天中午，为了搞点浪漫气氛，我悄悄地买了两朵玫瑰花送给老伴儿。老伴儿接过鲜花，将其插到客厅的花瓶里，说道：“有这份闲钱，还不如买点实用的东西呢。”到了晚上回来，花瓶里的玫瑰不翼而飞，当我将疑惑的眼神投向老伴儿时，她诡秘地对我说：“老头子，在这里，请。”我一看是玫瑰炒鲜虾。“这能吃吗？”老伴儿说：“书上说能吃。”“尽信书还不如无书呢。”老伴儿委屈地将此菜打包送给她妈享用去了……

老伴儿见我面露尴尬，夹了一筷子给我说：“尝尝，看味道如何。”我一尝，鲜嫩可口，花香扑鼻，不忍罢箸，真后悔当年错怪了老伴儿的一片好意。玫瑰炒鲜虾在我与老伴儿的“围剿”下，一扫而空。

接着几只白菊花与桃花资源整合的小饼来了。看上去白里透红，的确是与众不同。夹一块饼来细嚼慢咽，花香充溢口腔。那菊花饼的芬芳是娇俏的小女孩，围着你调皮欢笑，而那桃花细碎高妙的香在嘴里，神秘而且高贵，是那种萦绕不去又描述不出的香味，让你充满了对人生的期待。

在这期待中，等来了桂花樱桃，桂花樱桃还没吃完，三七花炒蛋末上来了。三七是名贵的中药，是活血化瘀、消脂、降压的珍宝。三七花如一簇簇蓝色珍珠，微带苦味，炒前用水焯一焯，尔后加上蛋末急火炒熟即可。慢品此菜，既有苦淡的药香，又有浓郁的蛋香。

上主食米饭时，又来了一碗兰花玉笋汤。幽香的兰花陪伴着玉笋，鲜香四溢。米饭里来点汤，一碗饭三下五除二便到了肚里。

饭足汤饱，离座欲走，忽见酒店中多处鲜花盆景，顿感从里到外、浑身上下充满雅香。诗兴大发的我，赋诗一首以谢花宴：“鲜花腹中留芬芳，心花怒放醉食客。春城自古美味多，唯有花肴最出色。”

（赵乾海）

兴化茶头

我们一家三口乘机船去兴化沙沟镇游玩。沙沟是苏北里下河水乡腹地一个重要的集镇，不光是兴化，周围高邮、宝应、建湖、盐城等县市部分乡镇的农民也来赶这里的集。这几年，苏北通乡通村道路发展迅速，水乡进出方便了许多，沙沟镇的繁华与热闹消减了一些，可这里典型的苏北水乡风貌仍值得我们来走一遭。

去一个地方闲逛，除了看风景，还要品尝美食，这是不可或缺的两大内容。我一向是这样想的，也是这样做的。所以在沙沟，吸引我的，除了小桥流水人家，还有街头的各类小吃。终究离得太近，见到的多是和我家乡一样的美味。街边小吃部用黑板、木牌或粉红道林纸张挂着各类面食的价目，习俗大差不离。

你看，包子离不开菜包、肉包、豆沙包，面条少不了阳春面、肉丝面、鱼汤面……茶头！茶头是什么？

许多小吃部的“告示牌”上，写着“茶头”这个名字。我与家乡司空见惯的“告示牌”内容做比较，猜想可能是烧卖一类的食物。或许就是烧卖的另一个叫法。向妻子求证，妻子老家在宝应广洋湖镇，与沙沟仅一湖之隔，她也不知道。我们试图用目光搜寻到那种叫茶头的食物，却不能够。尽管肚子不饿，可我们还是走进了一家小吃部，点了一份所谓的茶头。

价格竟便宜，仅八块钱一份。我们一家三口围着一张荸荠色的八仙桌坐定，一时不见茶头上来，上来的只有一瓶开水，三只粗瓷茶杯，三只小碟，三双竹筷。我们有点始料不及，才这么点小钱的消费，如何受得了这般隆重？妻子急于知道答案，有点坐不住，催了两次。那边答应就来就来，不一会儿，果然端上桌，不小的一扁碗。

碗里都是我们熟悉的食材，以切成细丝的豆腐干为主，配以姜丝、蒜末、酱油、麻油、开洋(虾仁)、牛肉丁、花生米，另外，大概还有白糖、味精等作料。其做法比较简单，不炒不熘，不烧不煮，属于凉拌。尝一口，味道清爽，油而不腻。妻子和女儿浅尝辄止，图个新鲜，只顾喝水。我素来对豆制品情有独钟，无论什么做法，都不反感。消灭这八块钱的茶头，自然不在话下，碟也不用，将扁碗拖到面前，风卷残云，顷刻间全下了肚。用竹筷划拉碗底，发现还淀着牛肉丁、花生米和虾仁，遂端起大碗，连汤汁带佐料全部喝下。咂摸咂摸嘴巴，鲜美倒也可以。

出了小吃部，妻子有失望之感，认为茶头的味道远不及名字那么新奇。我不以为然，好歹我知道茶头为何物了。对于它的名字，我和妻子看法一致，觉得蛮好：茶余饭后的零星小吃——是这个意思吧？

茶头做法简易，适合即兴品尝或临时招待客人，应该不外乎这么理解。它的品相和扬州传统名菜烫干丝太像了，我又心生怀疑：兴化茶头是否就是扬州烫干丝的“祖先”呢？许多后来登堂入室的美食佳肴，蜚声之前都是藏于民间的。扬州、泰州分家之前，兴化历来隶属古扬州，习俗与维扬文化一脉相承，烫干丝起源于茶头，由厨师在茶头的基础上加工发展而成，谁说没有这个可能呢！

我后来请教了一位当地的文友才知道，在兴化，茶头就是烫干丝，当地人喜欢叫茶头，就像年老的父母叫自己的孩子乳名。

（张　正）

西安贾三汤包

在西安，不吃就会留有遗憾。徜徉在西安回民街，当那各种美味氤氲在空气里，油然而生的就是要大快朵颐一番。

从鼓楼下车，走过不长的一段路，就进入了回民街，两旁店铺里琳琅满目的都是美味的小吃。进街不远，就是贾三汤包店。朋友头晚就来此吃过，形容吃汤包的人真是多，等一笼汤包，差不多花了半个小时。这不怪汤包店，不怪贾三其人，谁叫它名声这么响呢。

贾三是西安城的名人，大作家贾平凹为他写过散文《贾三》。大作家的文笔将贾三一包装，全国各地都知晓了。我也阅读过这篇散文，心中意念过贾三汤包，因而来到西安，我是无论如何要去回民街吃贾三汤包的，或者最好能拜望到贾三先生。

西安的小吃多，数“贾三灌汤包子”名头最大、字号最为响亮。但我们一行在贾三汤包店却没见到贾三本人。问服务员，回答说还在休息。店堂里人不多，但都在等待。我不明就里，服务员告诉我，汤包是现做现蒸，是需要一段时间，做好了卖，就没味儿了。

等汤包的间隙，我就看墙上悬挂的一幅幅照片。照片上大都是各级领导和各位文艺界名流莅临贾三汤包店，或品尝或题字的精彩瞬间。说不定我坐的地方就有名人坐过，莫名心就荡漾开来。

顺便再看介绍，一看便很惊诧。贾三是回民，有着经商理财、运营资本的天赋。他历经三年初创、五年立基、十年的潜心钻研、二十年的不断出新，创制出了“贾三汤包”等系列美食。传统的小吃多以“顶盘挑架”沿街呼号的形式买卖，而他将之发展成为“明锅亮灶、前店后家”的店铺和街市格局。同时，贾三灌汤包子是以集团化的营销思路进入市场，有自己的专业研究队伍、营销策划队伍和产业开发队伍。可以说，贾三以“灌汤包子”响名享誉。

小小的汤包做出了无限大的事业，这让我不能不对贾三刮目相看。贾三汤包够得上货真价实，也够得上独道独行。

那么，灌汤包是怎样的一种食品呢？顾名思义，它就是一种包子，但里面却是有汤的。这又是何故？其实它不是用某种工具把汤灌进包子里去的，而是在包之前把肉冻放在馅中，包好以后置于笼屉中上火一蒸，肉冻化开而不漏。同时，贾三灌汤包子在制作过程中，做到了选料严格精细、工艺复杂考究。那些蒸熟的灌汤包子，形状像软缎灯笼罩似的，馅成球，汤浮馅，皮薄、馅嫩、汤鲜，佐以酱油、醋、香油、辣子油、蒜水等调料，吃起来汤、馅醇鲜，味美爽口、营养丰富，让人不得不折服。

不到一会儿，热气腾腾的汤包端上了桌。我伸筷子就夹，不料却将包子夹破了。朋友笑着给我示范，原来吃汤包也有手法，这就是先用筷子夹住包子收口处，轻轻上提，同时左右摆动。我照着做了，果然将包子完整地提了起来……

现在，我早已回到家乡，时不时地就会想起西安的贾三汤包。不论什么地方的包子，只要有人肯用心钻研，都会做出大名堂的。那么，做任何事情，无论多么的细小，只要用心去做，都会取得成功的。

（光其军）

岛城的苋菜烧饼

岛城扬中，长江第二大岛，江苏最小的县级市，却拥有着美味的苋菜烧饼。

想吃苋菜烧饼得起得个大早，随着晨晖，踏着轻纱般的雾气，脚步轻轻地落在街道的柏油马路上，泠泠而有韵味。店家虽然已经忙碌了好一会儿，但是辛苦程度自是不用多说，打着哈欠开门迎客。

远远地已经闻到苋菜烧饼清香诱人的味道，摊位前已经围了一圈食客，大家七嘴八舌评论着这锅烧饼，颇为有趣。

做苋菜烧饼的师傅一直端坐着忙碌，一件白色的衬衣被汗水浸得有些湿漉，脸上流下的汗水泛着油油的光芒。他的手一边轻轻地和面，一边做着苋菜烧饼，臂上的肌肉随着他的动作不断跳动，仿佛一只活跃的小老鼠，彰显着男人的健壮。旁边的女人应该是他妻子，协助他放入葱、姜、油、盐等搅拌，还不停地加入花椒、八角、黄酱等调味品，动作娴熟而又错落有致，似乎一个成熟的演员在展示着才艺。

苋菜烧饼依据口味不同，做成圆的、椭圆的，用面粉和水一起调和，再把刚刚调和好的苋菜揉入其内，师傅左手托一个面团，右手再拿起一个，轻轻一扬，一个弧度划过，那烧饼已稳稳地贴在平底锅内。一扬，又是一个，直到锅内放满，再用铲子逐个拍成厚厚的饼子。他似乎从容不迫，更是游刃有余，根据火候控制着饼子的翻身频率，一切尽在他的掌握之中。

这时他才抬起脸，与老主顾们聊天儿，说笑，收钱，气定神闲地喝口水，歇一歇。

那平底锅内，等饼的颜色变成浅浅的金黄色，饼也就熟透了。师傅将饼子装入筐内，一阵阵烤香的味道直往人群里蹿。他再用一个软毛刷把烧饼上涂上菜籽油，如同给烧瓶化妆一样，格外增添了香气。用袋子一个个地分发给大家，已经有人迫不及待地咬上一口了。

苋菜烧饼特别可口，脆脆的面皮特别香，里面包着的苋菜更是清雅爽口，吃上一口让人回味无穷。来得晚的就只有眼巴巴地看着先来的食客拿饼走了，自己只好等下一锅了。

苋菜烧饼就着粥吃很好，只要把一块分割成好几块，一家人一人一块，全家乐呵呵的。

扬中的苋菜烧饼还是挺大的，口味也是各不相同。我特别喜欢那种烧饼里加了苋菜和江虾的。因为岛城四面环江，很多人家去江里抓虾，然后揉入苋菜内，那种苋菜烧饼的味道简直鲜美无比。要想口味更好，只能用新鲜的苋菜和刚捕捞上来的江虾，味道才算正宗。再搭配着抿上几口浓香的小酒，喝一碗黄澄澄的小米粥，那样的感觉更是美妙无比了。

虽是很普通的苋菜烧饼，却会让人口颊留香，十天半个月不吃就甚是想念了。接待外地来扬中的客人，主人总是炫耀似的请他们品尝。要是去看望在外地的扬中人，带上十个八个这样的烧饼，那是一种惊奇和欢喜。

慢慢品尝苋菜烧饼，就像用舌尖在品尝岛城的味道。

（马　健）

仪征蒌蒿炒咸肉

仪征的十二圩是个临江的古镇，曾因盐务繁忙而盛极一时。如今古镇上有几家小饭店野菜宴做得很好。当地许多人挂在嘴边的“洲八样”，最早就是从十二圩传出的。

“洲”即江滩，“八样”是言其多。我一向不认为正好就是八样，是虚指。“洲八样”中最常见、最能进入寻常百姓家的，恐怕要数蒌蒿了。

关于蒌蒿的“蒌”的写法，我想多说两句。前两年仪征有作者出过一本小册子，将其写成“芦蒿”，似为不妥。但这不奇怪，农贸市场的价格牌上、饭店的菜单上大多是这样写的。仪征老百姓口头上还有一个怪怪的名字“驴蒿”——是这个音。写成“芦蒿”，是与洲上的芦笋混淆了，念成“驴蒿”也是有根据的。这个根据我说不清，因此还是引用高邮籍老作家汪曾祺的一段话吧：

春初水暖，沙洲上冒出很多紫红色的芦芽和灰绿色的蒌蒿，很快就是一片翠绿了。我在书页下方加了一条注蒿是生于水边的野草，粗如笔管，有节，生狭长的小叶，初生二寸来高，叫做蒌蒿薹子，加肉炒食极清香。蒌蒿的蒌字，我小时不知怎么写。后来偶然看了一本什么书，才知道的。这个字音“吕”。但我查了几本字典，“蒌”都发音“楼”，我有点恍惚了。“楼”“吕”一声之转。许多从“娄”的字都读“吕”。如“屡”“缕”“褛”……

这是汪老的散文《故乡的食物》中的片段。汪老是诗、文、书、画俱佳的“才子”，同时他还是颇有名气的美食家。对于家乡(仪征和高邮毗邻，同属扬州，我们也算是汪老的家乡人吧)这一美食的名字，汪老提供的写法是可信的。

现在的蒌蒿差不多已失去野性，快要变成“家菜”了。早些年听说南京栖霞区的八卦洲上有人家大面积栽种蒌蒿。开了蒌蒿人工种植的先河。这个江心小镇是把蒌蒿当作特色产业来培育的，并号称“中国蒌蒿第一乡”。

近两年，我们仪征江边人家也有菜农开始用大棚种植蒌蒿。大概蒌蒿野性尚存，生命力顽强，人工栽种比较容易成功。只是人工栽种的蒌蒿不及野生蒌蒿的“蒿味”重。

而人们食用蒌蒿，看重的就是它那种清毒败火的功用。少了“蒿味”药用的功效自然随之减弱。所以农贸市场上野生的蒌蒿比人工栽种的好卖。稍有买菜经验的人一眼就能看出这两种蒌蒿的差别来，野生的根茎暗红、弯曲，人工栽种的根茎青绿、笔直。

人工栽种的可以成堆成堆地摆放在摊上卖。野生的常常只能是一小把一小把搁在竹篮里卖。那或许是家住江边的老头老太在滩上找的零花钱呢。

汪曾祺老先生所说的“加肉炒食极清香”。似乎还没有说到位，加咸肉丝炒食才极清香。仪征人有杀猪腌咸肉过年的习惯。年后二三月间蒌蒿冒新芽时，正是咸肉发红、流油、喷香时。用咸肉炒蒌蒿，蒌蒿才“服”。口语中的这个“服”字，可能是仪征人的首创。

蒌蒿是野菜、大素、油不足；咸肉是大荤，用适量的咸肉搭配蒌蒿炒，蒌蒿才会服气、服帖，才能把个中滋味张扬到极致，才能香得你“打两个嘴巴也舍不得丢下”。

（张　正）

第五篇
素食自然清浅味

竹笋才生黄犊角，蕨芽初长小儿拳。

味蕾浸润着食物本身的味道，天生自然，念念不忘。

人世间，唯有爱与美食不可辜负。

自然的零食

沙埂上，丛丛开得正艳的地黄，铺展宽厚的绿叶，高挑着长茎上的朵朵管状红花，随风摇曳。女儿学我的样子，拇指、食指捏住一朵，微感“叭”的一声，从花托处揪出，抿在口中咂咂数下，倏地，一股浓郁甜香溢满口腔。女儿惊奇于这小花竟如此甜美，我亦恍惚回到童年。

地黄，春天时满地都是。我儿时经常与小伙伴一起拔满一篮，喂猪喂鸡。猪鸡未吃，我们先尝。每每一朵一朵咂着这花，便全然沉醉在那独特的香甜中，瞬间补足能量，还亲切地称地黄为“蜜蜜管”，有味有形，颇具情趣。一春一春的“蜜蜜管”，充当所有农村娃田间劳作、玩耍时的小零食，数辈沿传。

不只是地黄，我们这些村里疯跑滚大的孩子，对自然的慷慨馈赠，有着根植血脉、烙印脑际的深厚情感。

菜市场有摆摊儿卖桑葚的，嫩紫新鲜，一看便知清早刚从农村采摘来。可买的远没有自己摘的有味儿、有乐子。老家有棵繁茂的桑树，偏偏长在坟场。虽桑葚挂满枝头，可我这“胆小鬼”是万万不敢摘的，只远远看着大伟哥攀树揽枝，一颗接一颗地摘了直往嘴里送，还“真甜、真甜”地叨叨着。

我馋得直咽口水，叫“哥”讨好他，央求他下树赏我一把。我吃到了甜甜的桑葚。大伟又蹿上树，不停地摘了揣进口袋，一时疏忽，竟将雪白的衬衣染了色。招他母亲一顿骂是肯定的，但只要有桑葚在，游戏、学习的时候随时丢一颗入嘴，便是值得的。那年夏天，老桑树又满树挂满桑葚迎我回村，我壮着胆儿攀树摘桑葚给女儿、侄子，看他们边吃边玩，心中满是欢喜。

沟谷坡梁、田间地头、房前屋后的杏、李、桃、梨、酸枣、石榴、葡萄、山楂、苹果，更是你方唱罢我登场，华丽丽、水嫩嫩应时垂挂，招惹一群馋嘴猫儿数着日子，眼巴巴盼着果子早日熟透，口里嚼、手里拿、兜里装，乐乐呵呵与伙伴分享，尝遍酸酸甜甜各种滋味。

翠绿的玉米地，如青纱帐一般。成长中的秸秆吸足了水分、孕育着甘甜。趁大人不注意，钻进玉米地，挑最嫩的秆子，折断几根，坐在地头，用牙齿扯开硬皮，露出嫩绿水润的内瓤。“嘎吱”咬一截，猛嚼，便有甜美的汁液挤出，很是爽口，我们亲切地称其为“甜甜秸”。几根嚼完，有时会将嘴唇、牙龈割破流血，却仍不改其乐。

颗粒归仓的玉米粒，遇到爆爆米花的师傅，便开启了它们火热灿烂的人生。摇转烈火上的钢炉，玉米粒在里面尽情翻滚。时间一到，“嘣”地揭开，一朵朵金黄托雪白的爆米花，便活蹦乱跳地钻入口袋，供迫不及待的孩子一把一把装了，然后四散玩去。掺了砂糖的爆米花，酥脆香甜，上学路上、炕头闲聊、看戏看电影时吃上一些，快意自在。

黄豆、花生、小麻、南瓜子，洗净、晾干，用盐一炒，香脆可口；山杏去核、柿子削皮、红薯煮熟切条，晾晒后即可得到软糯的杏扁、柿饼、地瓜干，皆为极受欢迎的占嘴小零食；核桃、大枣、瓜子，更是家常必备，一起填满生活，打发闲暇玩乐的时光。

走到谁家菜园，看黄瓜、番茄、萝卜长成，不必打招呼，摘下或拔出，简单洗洗，便可生吃，脆爽有营养，同时吃到的还有乡里乡亲的淳朴与热情。

那些随季节变换、轮番奉上的“自然零食”，浸润了山水、空气的芳香与灵韵，绿色、生态、朴素、寻常，算不得什么美味，但绝对是最顺口、最对胃、最养命的好东西，哺育滋养着一代代勤劳智慧的庄稼人，生生不息。

（白万伟）

蒿子粑摇响的春光

我住的小城郊外，只要春风一吹，春雨一落，草儿就一个劲地疯长。与此同时，一些能吃的野菜隐匿其间，也在疯长。这个时候，只要我去踏青，总能看见一两个弯腰采摘蒿子的女人。那些匍匐在青草丛中的蒿子，与青草一样绿得可爱，但我尤喜每片叶子背面的那些白白的密集茸毛，以为它更会衬托出春的鲜嫩、春的妩媚。见到它们，就想起了蒿子粑的诱人清香，仿佛它就远远地飘来了。

在这个时节走在小城里，大街小巷弥漫的蒿子粑香会让人情不自禁地停下脚步，然后快步走到一个小摊前，买上一个，蒿子的清香就徐徐地弥漫开来。而咬上一口，令人难忘的香气便溢满口腔，使满口生津、食欲大开。那份酥软中有筋道，细滑里有清香，越嚼越绵软，越嚼越香甜，越嚼越有感觉，这是怎样的一个爽字啊！

春光里，我曾与朋友一起采摘过一点蒿子，然后就去朋友家，看他如何制作。朋友将那些蒿子先放在清水里，洗去上面附着的泥土，用烧开的水将蒿子焯一下，以去掉一些自然的苦味、大量的墨绿色和细毛，然后再用冷水冲下凉，最后拧干、捏干或者沥干。这一过程，可以见到绿绿的汁淋下来或者从指缝间溢出来，这时便觉得一双手似乎都浸润在了春光里。

一切弄好后便将蒿子切得十分细碎，放入准备好的糯米粉中，加入清水，调入盐和腊肉，均匀搅拌。这是让蒿子和糯米粉充分融合的过程，也是享受春光的过程，朋友做起来很是兴高采烈。粉揉好了，朋友就将混合物捏成一个个的圆形，放入锅中，淋上香油，点起火煎了。等到蒿子粑有了黄黄的边，就可以吃了。蒿子粑趁热吃时，有一股特别浓的香味，它让人浮想联翩、记忆深刻。

我有一位从家乡走出去的朋友，每到这个季节，就让家人寄一些蒿子粑过去。问他为何，他总是说蒿子粑能勾起他的回忆，能勾起他对家乡的思念，能勾起他对家乡春天的向往。朋友的话让我深有感触。看来，蒿子粑就是一条浓浓的亲情线，牵住了家乡那一头的乡愁。

现在，我们这里一年四季都可以吃到香香的蒿子粑了。人们春天的时候采摘很多回来，处理好放入冰柜储藏。这样一来，不管春夏秋，还是冬天，都可以吃到香喷喷的蒿子粑了。

在明媚的春天，咬一口蒿子粑，就把春天吃进了肚里，一抬头，天明地澈。在炙热的夏天，咬一口蒿子粑，就感到春天依旧在，一回首，春光还在不远处。在收获的秋天，咬一口蒿子粑，就感到秋天的影子上重叠着春天的影子，一举步，满眼秋光里闪烁着春天的光芒。在寒冷的冬天，咬一口蒿子粑，就可以听见春天即将来临的萌动，一思索，茫茫的雪域下面都是奔跑的春天。

又是春天，远方的朋友来电说，想吃蒿子粑了。我便上街去给他买上一些寄过去，也算是让他在异乡感受到故乡的蒿子粑摇响的春光。如此，蒿子粑摇响了春光，也牵住了乡愁。

（光其军）

春来野菜香

春回大地，万物复苏，柳吐新芽，各种野菜钻出地面。春来野菜香，春天的野菜总能吸引人乐此不疲地赶往野外。

春天的蒲公英，我们都叫它婆婆丁，它是报春的使者。房前屋后，田野沟边，随处可见。在南甸子挖婆婆丁时，会感觉心情特别敞亮，天地之间无比开阔，蓝天更蓝，白云更白。春风和煦，带着青草香，婆婆丁碧绿的身姿在阳光下闪烁，锯齿状的叶片使它成为杂草中的佼佼者，它将无限的碧绿伸展到远方，小镇的房屋在远方的天空下依稀可见。我们挖出的不仅仅是野菜，也是一种心情，恬淡，悠闲。

婆婆丁需用凉水浸泡，浸泡好后，其叶片饱满、色泽鲜艳、味道鲜美，炸碗鸡蛋酱，配上小葱，满嘴塞满，清香中有一种淡淡的苦味。

有一种和婆婆丁叶片相似的野菜，学名叫苦菜，开白花和黄花，出的比婆婆丁稍晚一些。这种菜在大地里常见，根连根，片连片，刚从地里冒出来时能吃，味道不太苦。遥想儿时的一个春天，我到姥姥家去，冲姥姥要点吃食，姥姥从碗架里拿出几棵苦菜蘸点盐汤，结果被我嚼了两口便吐了出来，大叫一声，啥东西这么苦？

每当有人说春天的苦菜挺好吃时，我都不敢苟同。其实，苦有苦的好处，清热，解毒，败火。如不喜欢苦味，用开水烫烫，苦味可除。

小时候挖野菜时常会碰到小根蒜。小根蒜丛生聚堆，常生长在向阳的坡上。一堆小根蒜，挖起来丝丝络络的。惊叫一声，这有小根蒜呀，简直如获至宝。小根蒜根部呈圆球状，蒜头比家蒜小，味道有点像蒜，又有点像葱，清香微辣。可以用小根蒜凉拌豆腐、炒鸡蛋，色泽鲜艳，味道鲜美。

“春日平原荠菜花，新耕雨后落群鸦。”荠菜也是报春的使者，小小的锯齿状的身影总是在不经意间悄然出现，星星点点，生长在松软的田间地头。挖荠菜可别等到开花，开花就老了，没开花的荠菜青青，带有茸毛，叶片没有蒲公英那么大、那么肥厚，显得苗条娇小。我的同事钟女士喜欢挖荠菜，看见荠菜就忘乎所以。她用剁碎的荠菜包馄饨、包饺子、做汤喝，也会请大伙儿尝尝鲜。她如数家珍地说，我们老家的荠菜比这儿还好吃，吃荠菜好，能补虚健脾，清热利水。

去年我出差到富拉尔基，和来自黑龙江省各地的客人吃了当地的一道名菜——柳蒿芽汤。汤里有土豆泥，翠绿的柳蒿芽含在汤中，味道苦中有一种淡淡的清香。吃柳蒿芽的基本方法是炖汤吃，可以放排骨。其大体需要四五道工序，做出来的味道虽苦却香。达斡尔人逢年过节的时候，柳蒿芽排骨汤一定是不可缺少的桌上佳肴。

春来野菜香，吃着野菜，仿佛被春天拥入怀中。

（邢占双）

尝鲜豌豆尖

在春天暖阳的催促下，天气暖和起来了，田野里的各种春菜开始在春意盎然中低吟浅唱起来。它们披着一身油绿的外衣，在田间地垄中悄悄探出头来，娇嫩的身姿在微风中轻轻摇曳，而稚嫩的豌豆尖更是打着尖儿地伸出一枝枝嫩芽、一片片幼叶，引逗着人们去采撷。

豌豆尖也叫豌豆苗，就是枝蔓上那最嫩最绿的尖儿。寒露时节是豌豆的播种时节，所以豌豆尖大部分时间生长在冬天。严冬腊月，田野里的豌豆却精神抖擞，它既无病虫害之忧，也无农药之扰，是地道的纯天然无污染绿色食品。

虽然豌豆尖在冬天也有，但它始终没有春天那么水嫩。春风吹过大地的时候，这些青青的豌豆尖再次茁壮成长，这时的豌豆尖长得更是惹人喜欢，叶子清澈通透如翡翠薄片，茎上抽出的纤细蜿蜒的嫩须隐约可见，迎风轻颤。选好合适的长度，轻轻一掐，脆嫩嫩的那一段就到了手里。儿时也曾跟着父母去掐豌豆尖，以为被掐了尖的豌豆会活不成，没想到在春雨的滋润下，那柔弱的低伏的苗就迅速疯长了起来，如此看来，柔弱的豌豆永远保持着“发芽的心情”。

春天植物长出的嫩芽充满着鲜嫩水灵的诱惑，让人很难抵御。

豌豆尖吃起来有着特别的豆香味，鲜嫩清新。豌豆尖的吃法有很多种，可做汤，可涮火锅，可配面，简直是百搭菜，仿佛什么样的烹调方式对它都是可行的，而最简单的、口感最好的便是清炒。

大火烧热油锅，把青青的豌豆尖倒下去，放点盐，不用其他的作料，翻炒几下装盘上桌，如行云流水一般，一盘美味新鲜出炉，清香不腻，口感脆嫩。从食物养生的角度看，豌豆尖健脾益气、利小便、解疮毒、助消化，对脾胃虚弱、小便不利、疮疡肿毒、水肿等多种病症有疗效，看来食用豌豆尖不仅可以饱口福，而且有养生之功效。

豌豆尖的食用历史极为悠久，在两千多年前的《诗经》中就有记载："采薇采薇，薇亦柔止。"薇，即野豌豆苗，将这鲜嫩的野豌豆苗一把把采回家，就成了古人餐桌上的美味。

清代以豌豆苗做菜的饮食更普及了，徐珂的《清稗类钞》记载："豌豆苗，在他处为蔬中常品，闽中则视作稀有之物。每于筵宴，见有清鸡汤中浮绿叶数茎长六七寸者，即是。惟购时以两计，每两三十余钱。"

而被誉为"文坛美食家"的汪曾祺先生在他的《食豆饮水斋闲笔》中是这样描述的："吃毛肚火锅，在涮了各种荤料后，浓汤之中推进一大盘豌豆颠，美不可言。"汪老把吃豌豆尖的方法、吃的感受娓娓道来，读后令人唇齿留香、回味悠长。

又到了明媚的春天，乡村田野上那一丛丛青绿自然而然又勾起了我的口腹之欲，尝一口那绿油油、嫩生生的豌豆尖，仿佛把一个清新的春天都吃进了胃里。

（徐　新）

难舍春韭

喜爱春韭，从少儿时便开始了。那时，一到春天，韭芽刚刚拱出地面，也就寸把高，尚略带稚嫩的鹅黄色，我就趁母亲去地里劳作的空当，躲开她的视线，跑到自家门前的小园里薅韭苗吃，虽然很辣，但还是经不住清香的诱惑，每每吃得嘴里泛绿沫子。被母亲发现后，免不了屁股上要挨上几巴掌。母亲说：这韭苗太小，即使是长高了，也只能一茬一茬地割，连根拔出来，就不再长了。后来，再去小园“偷”韭菜吃，我就用镰刀头割了。也许，从孩童时起，我便与春韭结下了不解之缘。长大后，无论走到哪里，春韭，都是我特别钟爱的蔬菜。

说到春韭，我忽然想到，古代南北朝时，有位美食家叫周颙的。他曾说过：“春初早韭，秋末晚菘。”就是告诉我们，初春的韭菜和秋后的大白菜，是众多蔬菜中最美好的，也是最好吃的。事实上，从古到今，我们的餐桌上从来就未离开过韭菜，尤其是春韭。人们都知道，韭菜是一种多功能的蔬菜，它既可以与肉、蛋、豆(腐、芽)等多种食料搭配，制作出以其为特色的多种佳肴，还可以作为馅料与其他食料(比如虾仁、木耳、精肉、鸡蛋等)结合，做出水饺、包子、韭菜盒子等多种美味。

几十年来，在以春韭为主副料的菜肴中，我最爱吃的是“春韭炒河虾”与“春韭炒鸡蛋”，以及以春韭为主料，以虾仁、鲜猪肉为辅料所包的三鲜馅水饺。说实话，在当下，这也都是普通老百姓餐桌上家常主副食了。比如，春韭炒鸡蛋，虽是大众的食法，然而其烹饪方法却可以追溯到几千年前。《礼记》中就有记载：庶人春荐韭，配以卵。看来，春韭与鸡蛋的组合，古人早就享用过了。如今，这道传统菜及上述的三鲜水饺，家家乃至人人都会做，就不赘述了。

还是说说“春韭炒河虾”吧。多年来，每到初春，冰消雪融，小河解冻，草木复苏，春韭与河虾几乎同时上市，这时节，我常常与老妻去菜市场买春韭、购河虾。这时从泥土里探出头的韭苗，经过雪润雨洗、暖阳普照、春风吹拂，吸纳了大自然的灵气，饱含了高天厚土的惠泽，很快便达到了三至四寸高，叶片肥厚细长，清纯鲜嫩，是最佳食用期。

而此刻的河虾，亦刚刚从小河中捞出，活蹦乱跳，生机勃勃，煞是可爱，尤为新鲜。春韭鲜，河虾也鲜，做出来的菜，自然更鲜。在此，我冒昧献丑，把自己制作“春韭炒河虾”的过程写出来，供有兴趣、也爱好这道菜的朋友们参考。其实很简单，将锅烧热，放入少许植物油(以大豆、花生油为佳)，油烧热后，放入蒜末，煸炒出香味后，放入用清水过滤(主要是清除虾体中附着的泥沙和腥味)后的河虾，炒至变色后，再放入两三厘米长的切段春韭，少许盐调味，翻炒片刻即可。

伴着韭香与虾香交织缠绕的氤氲袅袅，便装盘上桌。青瓷白盘，红虾绿韭，别说吃，看一眼，人就醉了。再邀上三五挚友，开一瓶好酒，浅斟慢饮，轻啜细品，在美好的春天里，再话一段韭文化与酒文化，那滋味，那感觉，那情感，那兴致，甭提多美了。

难舍春韭，春韭难舍。据说，李时珍在他的《本草纲目》中还提到过韭有暖阳壮肾、强身健体之功效。想不到，春韭烹饪，还是一道不可多得的药膳呢！

（李秋晨）

茶园雪菜香

春回大地，万物萌动。双休日与朋友们一起去踏青，所到的是一片茶园，老板是熟人，木栅大门敞开，看家护院的狼狗上锁，让我们在里面自由闲逛。

茶园里的茶树与冬天比变化不大，半颗米粒大的新芽藏在叶心里闪闪烁烁，还不到风光的季节，明前茶要等一阵子，急不得。

茶树底下长了许多菜呢。菜叶边缘锯齿状，叶面麻麻坑坑，毛毛糙糙，不像平常见的青菜，每株都用着劲，迎着风，不管不顾扩展地盘，比赛似的抽薹。有同行者惊喜："这么多野生雪里蕻啊！"

我耳朵尖，听到了"雪里蕻"三个字就停了脚步。印象里，雪里蕻都是腌制好的，装在大肚子坛中，要吃的时候抓出来，黄亮锃锃。前两天嘴馋，跟婆婆提了一句：家里有现成的青蚕豆瓣，弄点雪里蕻咸菜炒炒，太赞了。婆婆遗憾，去年没腌哪。邻居婆婆经过，听到了，回家抓了一碗送过来，还跟我打招呼：这雪里蕻不是野生的，家里菜地种的，赶不上野生的好吃，你尝尝，好吃再给你抓。

长见识了，自诩吃货，竟然不知道雪里蕻还分野生、家种。晚上，婆婆用青蚕豆瓣炒雪里蕻，姜丝、辣椒丝，还配了很多的蒜粒，那色泽，那香味，诱人口水滴滴，一口气喝了两碗大米粥，剩下的全部打包，给我带到城里佐餐。毕竟是穿过春天的味道，感觉够好了。

这感慨当然是在没品尝过野生雪里蕻的时候。

品尝了茶园里自采自制的野生雪里蕻，才知晓野之真味，至纯、至朴、至鲜，那是好上加好。

女人们知道茶园遍地都是野生雪里蕻，都欢乐起来了。同行的贞琴惊叹跌了一地：这么多野菜，要是在她老家，早让妈妈、嫂子们抢干净了，哪还留得住哦。问她怎么变成美味，说简单得很，现在折回家，洗净，晾干，用盐渍三五天，就可以炒了。

这样的简便对我们很有诱惑，既没有长时间腌渍所产生的有害物质，还可最大限度保留野菜的新鲜，不试可惜。在贞琴的解说、示范下，我们人人都是采菜能手，不知谁从园主人那里找来了镰刀和编织袋，一副要干大事的样子。拿镰刀的专挑大株雪里蕻下手，徒手的掐嫩薹。不多会儿工夫，一人怀里就抱了一抱，编织袋装得满满的。

劳动、出汗、收获，吹春风、接地气、制美食，还有比这假日更美的吗？踏青到家，迫不及待打理雪里蕻，洗、晾，一夜过来，水分干了，叶子萎了。第二天又晒半天太阳，趁着中午阳光正暖，脱了棉衣，在院里摆开场子。先切菜，越细越好，锋利的刀下得针脚样绵密；再搓盐，嫩菜遇到盐，立马服服帖帖；最后装瓶，塑料的不行，要用玻璃瓶，压得紧紧的，汁水倒出来，最上面铺层香油封口，隔绝空气，保证不腐。这些都在贞琴微信指导下完成。

三五天，仅仅三五天就真吃上了，拿它炒肉丝。姜丝爆锅，肉丝在油锅里跳几跳，火候差不多了，青碧的雪里蕻倒进锅里，猛火急炒，立马出锅，青碧可人，辣香无比，要颜值有颜值，要口感有口感，比黄灿灿的雪菜好吃，那个是穿过春天的味道，现弄现吃的野生雪里蕻才是真正春天的味道。

这个早晨，一盘春天的野生雪里蕻炒肉丝，一碟十二圩蒸饺，就一碗陕北的小黄米粥，人生满足得不要不要的。

（王　晓）

蚕豆摊忆蚕豆

以前的福州人爱吃蚕豆。吃蚕豆的时节，家家户户的灶头间都会飘出令人神往的豆香。

一场春雨过后，蚕豆苗日长夜大，开花、结荚，豆粒渐渐丰满，毛茸茸的，十分诱人。郊区农人在田间休息时，在向阳的垄坡上席地而坐，顺手摘下几颗，剥出嫩嫩的蚕豆生吃，满嘴清澈的豆鲜味，既充饥又解渴。农人也采嫩蚕豆苗，用香油炒，下盐、酱煮熟，撒葱花，油晶晶、碧绿生青，绝对嫩而脆。当蚕豆荚青绿、豆已饱满时摘下，剥去豆荚，豆躺在软绵绵的豆荚内，新鲜得溢出一丝清香，用它们炒菜、烩菜，味道鲜酥可口。嫩蚕豆可以和任何一种荤、素菜一起烹制，不论是和笋片、豆腐干，还是和肉丁、火腿、玉兰片等都能够烧出鲜美的佳肴。老蚕豆炒食、做汤，味道同样鲜美。

干蚕豆的吃法也同样丰富，可以煮食、炸食，可生豆芽以弥补淡季蔬菜的不足，可制酱食用，干蚕豆磨粉是制粉皮和粉丝的优质原料。当然最普遍、最简单的是炒熟吃。正如福州童谣云：炒蚕豆，炒豌豆，骨碌骨碌翻筋斗。作为零食，干蚕豆直接下锅翻炒，喷洒上盐水烤干后便成略带咸味、口感酥脆的盐花豆。

蚕豆摊就是以卖盐花豆为主的小摊子，小簸箕用小竹圈圈着几圈蚕豆，每圈约 10 枚，卖 1 个铜板(约现在的 0. 2 元)，购买者大多是儿童。当然，小贩除了卖蚕豆，也会卖炒米花、水果糖、软糕等零食。孩子们放学后，花几个铜板买几圈蚕豆，用旧报纸裹成三角包，嗅着诱人的豆香味，口水尽往喉咙里咽。买了蚕豆，孩子们躲在弄堂里和伙伴们一起分享。他们也把炒蚕豆作为“弹豆子”的游戏工具，玩耍时，先抓一把蚕豆撒在桌面上，然后轮流选一粒蚕豆，用手指弹击另一粒以击之，被谁击中，那一粒就归谁。

摆蚕豆摊的小贩多是来自闽侯乡下的依姆和依嫂，她们在两条板凳上架起一块门板，在闹市一放便成一个摊位，讲究一点的，加一个玻璃橱柜。闽侯人会做生意，精于做生意，这在福州是有目共睹、有口皆碑的。过去，福州的上杭街、下杭街的货栈、货行，中亭街的鱼市，不少是闽侯人经营的。他们勤劳俭朴，以诚经商立业。早年福州做豆腐、软糕、摆蚕豆摊的，很多是闽侯人。上半夜炒好蚕豆、做好软糕、豆腐，下半夜直到通宵沿街叫卖。这是苦而累的小本生意，摆蚕豆摊更是小得不能再小的生意。但是，闽侯人乐此不疲，老老实实、兢兢业业地做，也有人从小到大，发家致富的。

一个蚕豆小摊，每天的营业额有限，最多是 100 多枚铜板，相当于现在的 20 多元钱。如果按 20%的利润计算，依姆、依嫂每天的利润也就是 4 元钱左右。就是这样小得不能再小的生意，中华民国之前，随处可见。这对赚钱视野逐渐扩大的当下的年轻人而言，简直是不可思议，但那时却被当时的人看得很重。许多没有其他谋生技能的孤寡老人，就是靠这个换来生存的资源。

随着社会经济的发展，零食品种丰富多样，人们选择的范围也很大了，口味也刁起来了。蚕豆摊，这个早年令人难忘的民间小行当逐渐消失了。

（李玉林）

美味苋菜胭脂色

初夏季节，苋菜以其别致的香鲜柔嫩，丰富着我们的日常餐桌。

我对红苋菜是一见钟情，觉得其糯性比白苋菜要略胜一筹。“糯”，并非单纯的“软”，更不仅仅是“烂”，它比“软”多了一丝弹性，又较“烂”胜出几分筋骨。

第一茬的苋菜，叶茎鲜嫩。食指、拇指一并，采茶似的细掐，只觉水淋淋，特别脆。一篮的苋菜掐过，指尖也沾了盈盈的绿。因其嫩，嫩得都不忍心用热油炒，所以多用来制羹汤，鲜洁宜人，满口的清香汁液。

炒红苋菜之前，最好将其用水淋过，然后起个油锅，待油热，拍两三颗蒜瓣下锅煸香，添水少许、盐数粒，等水沸后，这才放入红苋菜略炒几下，加盖焖半分钟，翻匀即可出锅。红红的苋菜就着白白的蒜瓣，红白相间，不仅格外软滑柔润，而且很好地保留了红苋菜的独特清香，能瞬间唤醒人沉睡已久的味蕾。

现采现烧现吃的苋菜味道最好。新鲜采摘的苋菜剪去老根，摘去黄叶，洗净，油锅放蒜瓣铺垫，加苋菜清炒，满满一锅的苋菜被热油围绕，很快就收缩了躯体，漫溢些许的胭红汁水。起初的阵势，像是不把整个油锅染红誓不罢休，片刻后，温度趋于平静，它也安稳了许多，只留异香摇曳微荡。炒时要以大火猛炒，以使苋菜不失去原汁原味。放盐的时间段亦有要求，以在收尾阶段为妙，前期放盐，会使鲜嫩的苋菜软塌，营养流失。

白苋菜也好，红苋菜也罢，与蒜头都是绝配。苋菜别有的土地气息和蒜瓣的异香，能融合得奇妙万分。至于在色泽上，炒红苋菜更是完胜。最经典的，就在于它那在焯水后渗透出的红色汁水，一沾上米饭，雪白的米饭立时便如染了胭脂似的好看。而原本绿意盎然的季节，似乎也被这眼前的香艳红苋菜装扮得愈发活色生香了起来，让人看着就食欲大增，吃起来非常爽口。面的筋道与苋菜的清香混合在一起，齿颊留香，回味悠长。

每年夏末秋初，是腌制苋菜梗的最好时节。选取粗壮的老苋菜，去掉叶子，切成小段，用清水洗净、沥干后，便可装入臭卤甏内。经过几天的浸泡和发酵，苋菜梗里面的肉变得分外软糯，夹起一段轻轻地吸，里面果冻一样的肉，夹杂着一股无法言传的滋味，顿时占据了味蕾。寻常百姓几乎家家腌制，每餐必备。苋菜梗卤中又可浸豆腐干，卤可蒸豆腐，味与“熘豆腐”相似，稍带苦涩，别有一种山野之趣。

（郁建民）

和葡萄有关

入夏，葡萄上市了。葡萄是我们一家人都爱吃的水果，洗一大盘子葡萄，我们就坐在桌子边吃，大家都不说话，一门心思地吃葡萄，这很难得。平时，我们坐在桌子边，即使是在吃饭的时候，也像是讲群口相声般热闹，这倒好，一盘葡萄倒改变了我们一家人的习惯了。很奇怪，葡萄真有这样大的魔力吗？我也说不清楚，只是不大一会儿工夫，我们每个人的面前都吐了一堆葡萄皮，一盘葡萄吃完了。

因为喜欢葡萄，一直想写一篇关于葡萄的文字。看过汪曾祺的《葡萄月令》后，这个想法便一直放在了心里。第一次读汪先生这篇文章的时候，是在三十多年前，那时候汪先生还健在。几年后，得知汪先生去世，心里便结下了一个结。先生逝世十周年，读到杨早和何镇邦写的纪念文章，这种感觉似乎更强烈一些了。

想想，一个念头在我的心里存在了这么多年，也算是自己对文字的虔诚和敬畏吧。这些年，心中的这个念头一冒出来的时候，我就去读《葡萄月令》，或是去葡萄园转转。若是在冬天，便抓一把葡萄干出来，数葡萄干、分葡萄干、吃葡萄干。我家常备的葡萄干有好几种，紫色的、淡黄色的、琥珀色的、绿色的，把几种葡萄干混在一起，吃时抓一把，总觉得这样吃葡萄干，风味会有所不同，大概也只是自己一厢情愿的想法吧。有时，也会在晚餐时倒一点自己家酿的葡萄酒，就觉得很有趣味了。

不知道从什么时候开始，我已经不再纠结于写与不写了，总觉得自己的文字和葡萄无关，也和《葡萄月令》无关。如此，便释然了。

我依然喜欢读汪曾祺先生的文章，依然喜欢吃葡萄。吃的是酸酸甜甜的葡萄，吐出来的是葡萄皮。就像文字，你无法改变自己对那些文字的喜欢，那些文字也许会影响你的一生，这种影响是在不知不觉间的。

说说葡萄吧。我家栽的第一株葡萄，是我用从学校的葡萄园里剪回来的枝条扦插的。先是扦插在屋后的菜园里，成活后，便在第二年春天移了一株栽到后院里。那株葡萄长势还不错，只是所结的葡萄又小又酸。那株葡萄后来就没人管它了，没过多久，还是被砍掉了。这是我家栽过的第一株葡萄，也是最后一株葡萄。在我老家的村庄里，好像也没有人家在房前院后栽葡萄，这是很奇怪的事情，大概是因为葡萄的藤蔓生长快，太占地方了，或者是家乡人没有栽种葡萄的习惯吧。

南方栽种葡萄并不像《葡萄月令》中说的那样麻烦，冬天并不需要将葡萄的老本下架入窖，只需剪去大部分枝条，清理果园就行了。南方的葡萄架，有棚架和立架两种，我喜欢棚架的，夏天坐在葡萄架下，喝茶聊天，馋了，可以随手摘两串葡萄吃，多好。

妻子每年都要去城郊的葡萄园摘葡萄，摘成熟的大串的葡萄回来酿酒，酿红葡萄酒和白葡萄酒。我家的白葡萄酒是淡淡的青黄色的，并不白。我觉得两种葡萄酒的味道差不多，妻子说我不懂葡萄酒，至于她能不能分辨出两种葡萄酒的不同来，我就不得而知了。

对我们而言，更多的时候，葡萄只是一种应季的水果，虽然喜欢，但其并没有什么特别之处。只是每年葡萄熟时，我会想起《葡萄月令》，想起盛葡萄美酒的夜光杯，还会想起葡萄之外的一些其他的东西。

（章铜胜）

谁解青梅味

我看青梅的图片，觉得青梅颜色青青的，一定很酸涩，与春上家乡院前屋后的青杏子差不多。家乡没有青梅，多的是杏子，小时候我与小朋友们偷吃过青杏，那种酸涩至今还不敢回想。

青梅竹马是一句成语，比喻的是孩童之间那种纯真的友情。可我在孩童时，男女孩儿之间说的跟我好或者不跟你好，就是一种最简单、最真实的表达。记得幼时有次上树摘杏子，被一个女孩儿发现，告知了我的家人，被教训一顿后，我找到女孩儿，狠狠地对她说，不跟你好了。女孩儿嘴一撇，谁跟你好。过了几天，我们仍然玩在了一起。那些说过的话，都忘到了九天云外。后来长大了，我们为着生活各奔东西，从此再没相见。

前不久，远在杭州的朋友寄来几斤青梅，让我见识了青梅。如同名字，青梅个个都是青青的，如同青涩的少年，透着一身浓浓的稚气。拿起一粒青梅，放到嘴里轻咬，呀，那个酸涩之味啊，一下子滑到胃里，顿时就五味杂陈，惶惶然不知所终了。

这么多的青梅放在家里，不懂功用，不知吃法，也不是事儿，就上网查询。一查就得知了青梅的许多吃法，有盐渍、糖浸、做青梅汁等。青梅还有好多好处，它对高血压、糖尿病、肥胖症、更年期病症、精神不安定均有益。《本草纲目》记载，青梅能增强人体的免疫功能，在软化血管、消除疲劳、抵抗衰老、保健美容方面有独特功效。

对于盐渍青梅、糖浸青梅、做青梅汁，我不感兴趣，泡酒嘛，有点意思。平时，我也喝点酒，于是决定让青梅与酒做伴。等到青梅出汁的时候，喝上一盅，知晓其中味，也不失为生活中的乐趣。

找来一个五斤装的玻璃容器，将它洗净。家里本有瓶装的白酒，但嫌它是酒精勾兑的，恐破坏青梅的气场，就去街上打来了几斤米酒。然后我将青梅洗净，晾干，再用菜刀在案板上轻轻地将青梅一个个碾压，那青梅的核就蹦了出来，只剩厚厚的青梅肉了。将它们一一置入玻璃容器中，只见酒是清白的，青梅是青青的，真正的青白分明。

刚制作的青梅酒，青梅显得很羞涩，忸怩着不入酒味，酒也不计较，以它的海量，包容着这些青梅。日久生情，酒就变成了黄黄的颜色，可见酒与青梅也产生了“爱情”。这是青梅接纳了酒，还是酒感化了青梅？个中缘由，只有它们自己知道。

青梅酒不是用来喝的，是用来品的。一滴酒入口，竟是意想不到的绵甜，有着说不出的滋味。原来的酒精度数很高，在青梅的软硬兼施下，竟然来了个低头折腰，这是不是它们爱情的结果？它只适合去慢慢品，急性子是万万不可的。况且青梅出自山林，只有慢慢地品，那山的灵秀、水的清澈和自然的静谧才会在心里浸润，使人无端想到很多。

谁解青梅味？不是你，也不是我，而是生活。

（光其军）

野菜的记忆

立春之后，只要几个好天气，就会酿成一片好春光。田野里，人们拿着小铲子、提着小篮子，三三两两挖野菜去了。

其实，这时候的野菜还躲在地下捉迷藏呢，挖野菜的人性急了一些。雨水三候：一候獭祭鱼；二候鸿雁来；三候草木萌动。要到了雨水节气之后的十来天，一场春雨过后，草木开始萌芽，野菜们揉揉眼睛、伸着懒腰，从松软的土里钻出，那时候才是挖野菜的最佳时机。

我小时候挖过不少野菜。那时挖野菜的目的跟现在不同，不是为了自家尝鲜，最大的目的是养猪。20 世纪七八十年代，猪饲料尚未普及，一大铁勺麦麸加一篮子青草，煮一煮倒进猪食槽里，猪哼嗤哼嗤地吃下去，吃饱了就躺下呼呼大睡。

说回野菜，人能吃的野草就是野菜。那时除草剂尚未流行，野草们与麦苗、玉米一起疯长，孩子们和野菜一起回家。记得最受欢迎的野菜是“胡妮菜”，细条形的叶子，暗绿色并不起眼。洗干净下锅，不要一点油就能染香一锅面条。

与“胡妮菜”容貌相似，但不能吃的另一种野草叫作“大麻籽”。有粗心的小伙伴误把“大麻籽”混进“胡妮菜”里，哎呀！吃进去口里发苦不说，还要肚子痛好长时间。妈妈说，就算是猪也不能吃“大麻籽”，吃下去要泻肚，几天的青草麦麸就白喂了。

野菜里有一种神品，叫作“野油菜”。它与油菜花并无关系，因为它的花不是十字形状，也不是黄色，而是小小精致的五瓣，白的发蓝。这种“野油菜”可遇而不可求，我挖了几年的野菜，只遇到过两次，但吃起来味道平常。

荠菜是野菜中的明星品种，但我们小时候并不吃它，村里人嫌它有淡淡的泥土味，将其一篮子一篮子喂猪。

还有一种野菜叫“满把攥”。它不像别的野菜贴着地面长，而像白杨一样，直直地向上生长。一把攥住揪下它的嫩尖，放盐腌在陶罐里，夏天熬粥的时候取出来切碎滴几滴香油，能让人忘了暑气，多喝两碗粥。

好看不好吃的是“蜜蜜蒿”。这家伙叶子碧绿鲜嫩，一片片盘绕成花朵的样子，却不管是油炒还是清蒸，都有一种微涩的味道。除非是家里实在没有别的绿色蔬菜了，妈妈才会拣几根下面条。而我又总会把那几根“蜜蜜蒿”挑出来偷偷扔掉，可见“菜不可貌相”。

野菜的种类数不胜数。有种叫“猪尾巴菜”，一根根的叶子细圆似松针，掐回家用井水洗干净，过水凉拌，味道爽脆鲜嫩，适宜下粥；还有浅灰绿色的“灰灰菜”，有植物的清香与野性，配手擀面极妙；至于匍匐生长的“老饭团”，拌玉米面蒸熟，可以当饭；而红色嫩茎的“麻子菜”，则要烙饼蘸蒜汁才好……

以前，人类曾经历过挖野菜充饥的岁月。而现在，人们去挖野菜只是为了换一份与田野的亲密。但不管人类如何进化发展，野菜都只是野草的一部分。去年春天，在超市里忽然见到包装整齐的荠菜，一棵棵丰润娇美、风姿绰约，与我记忆里清瘦羞怯的野菜气质大相径庭。一问，原来是塑料大棚种出来的。

人类住上钢筋水泥的高楼，然后回望来处怀念乡愁，那么大棚里的野菜们，是否会怀念田野里宽阔风雨的乡愁？

（陈晓辉）

又闻菜籽油香

工作之便，我走进了一家菜籽油厂，香味扑面而来，山一样的菜籽饼应该是油香味的主要来源，一下子唤醒幼时的记忆。

童年、少年，直至现在，我们老家人一直吃的都是这种菜籽压榨的油。大平原地肥水美，我的父母又比常人勤快，人家边角地难种抛荒，他们不吝惜力气，开垦来栽油菜，好伺候，稳收成，每年都要多收几百斤。收了菜籽就集中到邻镇的油坊去榨油，榨一次够一年吃的。

每逢这个时候，家里的铁皮桶全派上了用场，盛满油放在老爷柜下，盖上盖子，一桶一桶顺着次序吃。菜籽饼用大麻袋装回，堆到杂屋，庄稼施肥就指望着它呢。

荤腥不多的年代，菜籽油真是好东西。说我们是菜籽油养壮实的，也不为过。快放寒假的日子，学生也辛苦，又冷又饿，我不肯喝稀粥，母亲有办法，将米放在粥锅里滚两滚，米刚熟未烂，用漏勺捞一碗干的给我，这样的干饭我还是不肯吃。母亲还有妙招，倒一瓶盖的菜籽油在干饭里一搅拌，天哪，热气腾起阵阵香味，刚刚还噘着嘴、赌气不吃早饭要去学校的我连忙掉头，从母亲手里抢过碗，三下两下，吃得热乎乎去早读了，母亲也安心了。

菜籽油拌刚出锅的热炒米，是外婆给我最深的记忆。

闲冬腊月，妇人们忙年，炒米家家必备。炒米储存在密封的坛子里，平时干活儿当干粮，来人方便待客，很快当。

小时候放了寒假，我便要与父母去给麦田点化肥，一去就是一天。中午吃啥呢？带点炒米当干粮。

而如果家里有客人突然到访，主妇毫无准备，开水里打两个荷包蛋，泡一碗炒米，待客的礼数也到了。

我那次路过外婆家，也出乎外婆意料。顺着邻居指点，我一直摸到外婆搂炒米的地方，外婆又惊又喜。刚出锅的炒米，过了筛子，除了杂质，倒在大笆斗里，外婆挖上一碗热乎乎的炒米，倒了好多的菜籽油，又找主家的糖罐，狠狠地挖了一勺白糖，搅拌好了给我说："乖乖快吃!"那滋味，太香、太甜、太美了。如今外婆不在了，好滋味还在，那是外婆留给我的念想。

小时候过年，好像没有菜籽油是不行的，炸虾片要用菜籽油。母亲舍得放，小铁锅里的油，有三分之二那么多，红黄绿白硬硬滑滑的虾片，放油锅里一搂，就膨成一锅了，片片舒展，富态得很，拈一块吃，油叽叽的，鲜美无比。

成家后，留恋这舌尖记忆，买过虾片回家炸过，总是不能炸透，大半个能膨起来，边边角角还是生虾片的样子，一点都不好吃。究其原因，用的油不好，不是过去那种压榨的菜籽油。

炸油端子也要用菜籽油，这是我从姑姑家知道的。每年快过年的时候，姑姑就来娘家借菜籽油了，从来有借无还，就是不说拿。她的婆婆喜欢炸油端子，还讲究，必须用压榨的菜籽油，正好我们家多呀。

我看过老太太操作，小炉子上坐铁锅，大半锅的油全是我家的。铁皮敲的菊花边器具里，舀上放了萝卜葱姜的面糊，放到油锅里就热闹开来，一会儿就香味袅袅了。

油端子表面金黄，再炸一会儿，整个油端子就从菊花边容器里跑出来了，好看的菊花已经拓到面食上。通体焦黄，就可夹到锅边铁架上控油。那个时候趁热吃，那叫一个香。

但我们是不能吃饱的，每次姑姑的婆婆至多给我们一人一只，有时候就带我们看看。害得我有了后遗症，至今上街，碰见炸油端子的，问清是菜籽油炸的，必定要买来尝尝。

菜籽油炸小方糕，也是美味小食。母亲会做，尽着我们吃。年蒸在我们那儿，不蒸包子、馒头，而是蒸糕，糯米面里面兑碎米面的那种，四四方方的，主要是为年后干活儿准备的。春耕春种，既苦又累，稀汤寡水不扛饿，粥锅里放两块糕，清爽、抗饥。新出锅的糕，立马把它压扁，用菜籽油炸，那叫一个脆，听得见牙齿欢叫。吃了一次想下次，但要等一年。

就因为有了菜籽油，我的幼年时光“油光水滑”，如今也早已忘记生活的艰难，留下的都是美妙的记忆。

（王树贵）

那年果香飘

朋友回了一趟老家，回来之后给我带了一些他老家的梨。今年由于雨水比较多，梨的表面并不太干净，而是留有许多黑色的痕迹，我知道那是由于梨树叶子遮盖在上面，被雨水长时间冲淋形成的。当然，这样的梨没有市场上卖的那么干净、那么鲜艳、那么好看，但这些梨的味道却是纯正的老山梨的味道，如今是买不到、吃不到的。

我迫不及待地洗了几个，咬了一口，尽管有一种酸涩的感觉，但那种味道却是很纯正的小时候常吃的山梨的味道。这样的味道也许没有现在的一些梨比如早酥梨的脆和甜，或者绵和软，但却是现代新品种的梨所没有的独特的味道，酸涩中带一些香甜，香甜中带着一种纯香，而且这种味道的香甜是有回味的，时间越久，味道越浓。

我给儿子一个，让他一定尝一尝这种梨，谁知道儿子刚咬了一口就不再吃了。我问他怎么不吃了，他却说怎么那么难吃。这让我很失望，但再一想，这也情有可原，因为儿子从小到大根本就没有吃过这样的梨，他经常吃的，都是现在超市里、市场上常见到的各种各样新品种的梨，这些梨一个比一个鲜嫩，一个比一个脆甜，不但汁水多、皮也薄，但说真的，吃过这些梨之后，你根本分不清楚哪种梨是哪种味道，或者说什么样品种的梨是个什么味道，因为它们都太相似了，除了一样的甜和脆外，好像再也找不出它们其他的特点了，更别说区分它们了，给人的感觉反正就是个梨子的味道。

可是这些老梨树上产的梨就不一样，只要吃上一口，你就会记住它，忘也忘不掉。好像那种味道早已深入你的骨髓里一样，成为一个人记忆里的一部分。

记得小时候，家家户户都会在庄前屋后栽一些果树，这其中就有梨树。这些梨树从开花、结果到成熟，是一个自然的过程，急不得，也催不得。春天来了，梨树会开出一树洁白的梨花，白得像雪一样，远远就能闻得见一股淡淡的清香。

人们在这个时候才会注意到这棵梨树，有人会说，今年的梨树花开得真繁，有人会说，你看这梨树花开得像雪一样，偶尔也有调皮的孩子会采摘一些梨花来玩。大人们看见了就会说，别糟蹋那花，它们给你结梨吃呢！孩子们听到这样的话，大都不再去糟蹋那些花了，尽管那些花不但好看，闻起来也很香，但孩子们知道，这些花开过之后才会有梨结出来，秋天时才能有梨吃。

时间就这样一天一天过去了，在人们不注意的时候，梨子一天一天长大了，到了夏天梨子挂在树上，当然人们都知道还不到吃的时候，因为它们还没有成熟。

当然也有不听话的孩子，偷偷地摘几个，结果涩得吃不成，就悄悄地扔了。从此之后，人们都知道梨不到成熟季节是不能吃的，自然就没有人再去打扰它们，它们就那样在高处慢慢地生长，慢慢地成熟。

到了秋天，地里的庄稼收割完了，人们也闲了下来，也该开始下梨了，因为此时的梨已经成熟了，摘下来一个咬一口，酸涩、酸涩的，甚至皮还有些老。但此时正是下梨的时候，家家户户都会搬把梯子，把梨从树上一个一个地摘下来，然后存放到果窑或者果窖里，因为人们知道，这些梨子还不到吃它们的最佳时间，只有存放上一段时间，比如到了冬天再拿出来吃，梨就变得更加脆、更加黄，吃起来就不再酸涩了，而是更加香甜了。而且只有这些老品种的梨才能存放得住，可以存放一个冬天。

现在的新品种梨，无论怎样也是存放不了这么长时间的。再说这些老品种的梨经过一段时间的存放之后，味道更鲜美，那种独特的味道会让你回味悠长，甚至会让一个人记住一辈子。

自然，现在这样的老梨树只有乡下才有，尽管它们的品种有些老化，不被人们看好，甚至梨的生长期比较长，更不被商人看好，在城市的市场上也没有它们的位置。

但是它们却实实在在存在着，一副灰头土脸的样子，却是一些老味道的延续，或者说它们的身上承载着一些人的味道情结，他们就像我一样，就好那一口，尽管吃起来并没有现代的新品种那么好吃，可那是一个人、一代人味觉记忆里最熟悉的一部分，也是很重要的一部分。

也许，再过一些年，这样的一些老味道会逐渐消失，再也找不到了。

我怀念那些老味道。

（田治江）